フランスという国家

繰り返される脱構築と再創造

ジャック・シュヴァリエ 著

藤森俊輔 訳

L'ÉTAT EN FRANCE

Entre déconstruction et réinvention

吉田書店

JACQUES CHEVALLIER

L'ÉTAT EN FRANCE
Entre déconstruction et réinvention

This book is published in Japan
by arrangement with Éditions Gallimard,
through le Bureau des Copyrights Français, Tokyo.

フランスという国家

——繰り返される脱構築と再創造——

目次

【凡例】

一、原著者による注（原注）と訳者による注（訳注）は、通し番号を付し、見開きの左側ページ末に置いた。

一、本文中の（　）は原則として原著者によるが、一部は原文のフランス語を表記する等の目的で訳者が追加している。

一、原著者による強調箇所（原文のイタリック体）には原則として傍点を付したが、一部は読みやすさの観点から省略した。

日本語版への序文

「フランス型国家モデル」について語るということは、このモデルが他の国家形態とは異なるひとそろいの個性を持っていることを意味する。行政組織という面においては、日本との共通点も認められるかもしれないが、これらの共通点をもってしても、その比類なき特異性は損なわれることはない。これらの個性は、歴史的遺産から産まれたものであり、国家が時代とともに変化してきたにもかかわらず、ずっと引き継がれてきた。フランスでは、国家は、社会の上位にそびえ立ち、社会統合に不可欠なツールであるとともに、集合的アイデンティティを形成するための特権的な場であると伝統的に考えられてきたのである。

二〇世紀末、外的な制約の影響の下、このモデルは抗しがたい浸食を受けた。新自由主義的な論理が普及することによって、このモデルの特殊性が失われたのである。にもかかわらず、この通俗化の進展は一定の限界に直面した。これは、国家の文化が頑として存続しており、簡単には根絶することができず、強い社会的期待を生み出していることを示している。そして、国家は社会を統治する能力を失ったかに見えたが、新型コロナによる衛生危機は再び国家を経済活動と社会作用の中心に据えたのであった。

本書を執筆した当時に姿を現した伝統的なモデルを再興させようとするこの動きは、いまや確実になりつつある。現代社会において危機の要因が深刻化し、あらゆる種類の脅威が存在していることは、国家に集団の安全を保証する存在としての本質的な機能を改めて与えることになった。欧州における戦争の新たな状況に直面し、国家は、必要な政策手段を動員することによって、エネルギー危機と気候変動という緊急課題に対処することになるのである。国家の庇護の下に構想された「エネルギー移行と気候移行」は、新たな均衡と別の発展モデルへの転換のベクトルとなろう。

ジャック・シュヴァリエ

序章

フランスという国家の近年の変遷は、一見すると、逆説的である。多くの点において他の国々のモデルとは異なっていた独自の国家モデルは、前世紀末には終焉を告げてもいいような状態であった。このフランス型国家モデルは、伝統、規範、価値の蓄積を受け継いできたものから産み出され、時代の試練を耐え忍び、社会や政治の状況の変化に自らを適応させてきた。だからこそ、社会生活において重大な責任を負っている国家の系譜にある福祉国家の型にも難なく収まった。ところが、一九七〇年代の福祉国家の危機と新自由主義信仰の蔓延、これに続く一九九〇年代のグローバリゼーションの台頭によって、この国家モデルは大きな痛手を負った。また、国家は、社会や経済に対する保護体制が槍玉に上げられるようになり、その機構の確固たる骨組みを成していた原理が浸食されるようになった。このようにして、伝統的な国家モデルは時代遅れになったと見られ、フランス国家は外国の事例から学ぶように求められたのである。二〇〇〇年代から相次いだ数々の改革プログラムはこうした変遷の好例であった。

そうした中、新型コロナの感染爆発によって転換が起きつつある。新型コロナの大流行は、二〇〇八年のリーマン・ショックが前兆であったように、貿易のグローバル化に起因するリスクを明らかにすることによって、国家を復権させる機会となり、再び国家を経済活動と社会作用の中心に据えた。伝統的な国家モデルは、新たに現代的な意味を見出したようである。しかしながら、この再興は例外的な状況の産物であり、将来を予断するものではない。将来の国家の変遷は、今後直面する諸課題に対していかなる対応をするかにかかっているのである。

このように相次いで生じてきた出来事は、その数の分だけ現在の国家の構造に層として刻まれている。二〇世紀末に伝統的な国家モデルは不安定化したが、これによってこのモデルの深層にある基盤までもが失われたわけではない。「国家の文化」は引き続き存在しており、国家の表象や振る舞いに影響を与えているのである。逆に、新型コロナとの闘いの結果としての国家の復権も、それ以降に実施されてきたいくつかの改革が示すように、新自由主義信仰の市民権を完全に失わせたことを意味しない。もっとも、この国家の復権は、多かれ少なかれ、永続的な足跡を残すことになるであろう。このように、今日の国家の実像は、いくつもの堆積物から構成される混合物の様相を呈しており、これらの堆積物はお互いにぴったりとはまって一つの集合体を形成しているのである。

それでは、この変遷を順を追ってたどっていくこととしたい。

第一章

フランス型国家モデル

フランスという国家は、歴史的遺産から産まれたものであり、それが長期にわたって国家の構造を形作ってきた。絶対君主国家は、地方の自主独立主義を攻撃することによって、一七世紀から一八世紀にかけて国民意識を形成するのに寄与した。一七八九年のフランス革命は、中間団体を排除することによって、市民による政治的共同体の形成を保証し、絶対君主の仕事の仕上げを行った。第一帝政は、軍隊モデルを基礎として、全体として整合性が保たれており正確で効率的な行政機構を構築した。資本主義は、国家を頼ることによって、一九世紀中にその拡大の枠組みを創り、その結果として生じる社会的緊張を緩和することができた。このようなさまざまな段階を経て、非常に特殊な国家モデルが徐々に形を成し、福祉国家の発展とともに新たな様相を帯びるようになった。すなわち、国家は、重大な責任を負い、社会に対する本格的な保護体制を確立するとともに、集団生活の屋台骨を形成し、社会の統合と一体性のための最適な手段として公共サービス(1)が構想されたのである。

(1) 原書における service public の訳。フランス語における service public は、日本語で一般に「公共サービス」と言うときに想起される役所での窓口対応、道路の維持管理、上下水道事業といった範囲より広く、一般利益（intérêt général）の必要を満たすための一切の活動を指し、国防や大学教育などもこれに含まれる。行政法の特殊性を正当化し、かつ、その適用範囲を確定する公法上の基本概念でもあり、法学の分野では「公役務」とするのが定訳であるが、本書では「公共サービス」との訳語を使うこととする。〔訳注〕

1　基盤

フランス型国家モデルは、次々と現れたいくつもの権力に対する見方が集まって混じり合った結果として生じたものである。

主権国家

国家の建設は、王権の台頭によって示される政治的プロセスと、新しい表象の創出によって体現されるイデオロギー的プロセスの二つのプロセスの結合を経てなされる。これら二つのプロセスは、政治的支配を行使する条件を修正しながら、相互に支え合っているのである。絶対君主制は、軍隊と財政という二つの強力な原動力を基にした国王への権力の集中によってだけでなく、その権力を正当化するための新しい権力観の出現によっても特徴づけられた。君主制下の中央集権への動きは、新しい政治的想像の産物の出現を伴っていたのである。

主権は、国家の象徴であり目印であると考えられている。主権は、あらゆる権力の行使が関連づけられ、帰属すべき主体としての国家を存在させる。政治的共同体である「国家」(République)の「絶対的かつ永続的な権力」という概念を考案したのは、ジャン・ボダン[2]である。ボダンによれば、主権の本質は、「一般にすべての者に対して、あるいは特定の個人に対して、法を付与ないし破毀する権限」にあり、主権者は、従うべき臣民の同意によることなく、自らの「意志」から生じる命令権を持っているとする。ボダンの著作では、この主権的権力は依然として君主個人に帰属していたが、制度化が進むにつれ、国家主体に帰属するものとして考えられるようになった。そして、フランス革命と国民国家の建設以降、この権力は「国民主権」という考え方に新たな支えを見出した。すなわち、国家の権力は、国家を形成する本来の権限である国民の集合的な権力の延長とみなされるのである。

主権という概念は、この特異な権力を端的に表すために創られたものである。この特異な権力は、社会的アイデンティティの拠りどころとして、あるいはあらゆる権威の源泉として仕立て上げられた抽象的な主体である国家が、その目印として認めたものである。主権とは、国家が至高の支配力、すなわち抵抗できない無制約の権力を有していることを意味する。この権力は、そこから逃れることができないよう、被支配者に押し付けられるだけではなく、あらゆる従属的な束縛や依存関係からも自由である。まず、主権とは、国家が国民に対して一方的な命令権を持つことを前提としており、その権限は法的規範の中に規定され、これによって表現される。よって国家は、違反者には懲罰を科すものとして、その対象者が遵守する義務を負う規範を制定する権能を有する。そして、主権という考え方は、国家が自らの権力に優越するいかなる権力も想定しないことを前提とする。し

（2）ジャン・ボダン（Jean Bodin、一五三〇－一五九六年）は、ユグノー戦争中の一五七六年に『国家論』（*Les Six Livres de la République*）を著した。〔訳注〕

たがって、主権は、本質的に無制限な権力であり、いかなる既存の規範にも拘束されない。

国民国家

国民という概念は、アンシャン・レジーム期のフランスにおいて生まれ、国王、三部会、そして高等法院がそれぞれ国民を「代表している」ことを同時に主張し合っていたが、革命に際しては、国民という概念はまったく異なる意味を持つようになった。すなわち、もはや国王という個人ではなく、市民の共同体こそが社会統合の象徴となり、主権の担い手となったのである。

こうして、二つの見解が対立することになる。一方で、ルソーが提唱したテーゼによれば、この集団（人民 *Peuple*）は個人の意志の総体として考えられている。すなわち、社会契約を通じて、各人が自分の人格と権利を共同体に全面的に譲渡することに同意するならば、その人は、創設された「精神的で集合的な団体」の不可分の一部ともなるのである。主権の一部を保有することによって、その人は、市民として、主権の行使に参画する固有の権利を有する。他方で、シィエスが擁護し、革命に際して優位に立ったテーゼによれば、この集団（国民 *Nation*）は、それを構成する個々人とははっきり区別され、その上位に位置づけられる主体を形成するものとされる。すなわち、主権は、もはや市民一人ひとりの個人ではなく、その結合から生じる集合的存在にあり、国民は、固有の存在と歴史的な正当性を備えた真に自律的な集団を形成するのである。法理論はこれらのテーゼの違いを過大評価しがちであるが、いずれも、社会の多様性から統合と一体性のイメージを引き出すことを目的とした同じ象徴化作用のことを指しているのである。こうした表象は国民的想像の奥底に今も存在し続けている。

国民という実体は、このようにして社会体の構成員の間で利益と願望の共同体を基礎として創設され、国家という構造物を建設するための支えと土台となる。国民は、象徴的な順序において国家に先立ち、国家が産み出され形成される「場」と言えるであろう。国民の結びつきが一定の固さを獲得した瞬間から、そこには必然的に、構造化された永続的な組織に加え、国民の将来を引き受けることのできる拘束力ある権力の必要性が現れることになる。したがって、国家は、既存の国民の統合を、あらゆる人に課される制約の秩序に変えるだけである。国家と国民は、このように相互一致の関係にある。両者は不可分に結びついており、二つの概念は正確に一致して、互いに固着している。国家（État）は、あくまで国民（Nation）の記号表現《シニフィアン》にすぎず、国民という記号内容《シニフィエ》なしではあり得ない。すなわち、国家とは、国民がとる高次の形態であり、国民に持続性、組織性、権力を与える制度的な投影物なのである。

自由主義国家

一九世紀における自由主義国家の発展は、フランスの国家構造に新たな要素をもたらすことになった。というのも、自由主義国家は、個人と国家との関係に対するある種の見方を前提としており、この見方は政治体系全般の基礎になっているからである。すなわち、国家権力は個人に認められた基本的権利によって制限され、このことは法に基づいて権力に対抗する可能性を生み出すだけでなく、国家権力は、その目的そのもの、究極的な正当化として、これらの権利の保障を掲げているのである。自由主義国家は、結局のところ、社会的・政治的組織においてはっきりと個人の優位性を認めることがその基礎になっている。それは、国家を手段として活用することによって自由権に寄与することと、法の主体化によって個人一人ひとりに地位、要求する力及び行動する能力を与えることの両方を伴う。

　自由主義は、国家に対する根本的な不信から生まれ、国家が抑圧的にならないようにその権力に枠をはめ、抑制しようとするものである。こうした問題提起は、一八世紀になって現れた。絶対主義の理論家たちに対抗して、哲学者たちは、同意という考え方（社会契約）に基づきつつ、集団の安全と各構成員の保護を目的とするものとして、政治秩序を合理的に思考しようと努力したのである。法律は、自然状態をその源泉とし、権力行使の枠組みを提供し、個人の自由を保障することによって、政治的なつながりに対するこの新しい見方を具体化することになった。このようにして、絶対君主主義の行き過ぎに対する反動として、革命家たちは、権力に対峙する人間の不可侵の権利を宣言し、執行権を国民の意思に従属させることを求めたのである。

　このアプローチは、一九世紀を通じて絶対主義の復活との闘いの中で見ることができる。法治国家の理論が発展したのは、個人の優越と「自然」秩序の恩恵という名の下に社会生活への国家の介入を制限しようとする自由主義国家の登場と時を同じくしていた。法治国家の核心は、個人の自由の保護、国家への服従、制限された権限領域の割り当てという三つの側面を通じて、権力を制限するという考え方である。すなわち、法秩序の構造化は、法生成のメカニズムを通じて、この制限を確保し保証する手段にすぎないのである。

共和主義国家

一九世紀末、第三共和政の到来と切り離すことのできない一連の社会的・政治的変革の産物として、新しいタイプの国家、すなわち、共和主義国家が出現し、これまで見てきた国家の諸形態に積み重なった。自由主義的な考え方に則って個人の自由と権利の保障に重点が置かれつつも、ここでは特に、民主主義の理想をしっかりと実現することに注意が向けられているのである。民主主義モデルが機能するためには、実際にいくつかの条件が必要となる。そこでは、まずもって、政治的共同体が存在すること、すなわち、社会体を構成する個人が共通の価値観を自らに認め、これを自らのアイデンティティと思えることが前提となる。共通の価値観の下では、市民としての絆は、「公民倫理」、すなわち本当の「市民の宗教」に基づくものでなければならず、そこでの教員は、「共和国の黒い軽騎士」[3]として、その熱心な伝道者となる。したがって、「フランス式の共和主義モデル」

（3）シャルル・ペギー（Charles Péguy、一八七三－一九一四年）は、一九一三年刊行の『金銭』（*L'Argent*）の中で、ジュール・フェリー法成立後に非宗教的な教育の担い手となった黒い制服を着た師範学校卒業生の若い教員を「黒い軽騎士」を表現した。〔訳注〕

は、国民統合の要請の名の下に、社会的・文化的個別主義の吸収に重点を置くことを意図しているのである。

また、共和主義の論理は、国家の構造に関するいくつかの原則を前提とすることになる。たとえば、教会と国家の分離は、宗教との関係における国家の厳格な中立性につながり、非宗教性《ライシテ》の原則の確立に行き着く。また、共和国は、「一体かつ不可分」であることを標榜し、それを危うくしかねない遠心力に対抗して国民の統合を維持することを自らに課した。さらに、三権分立を図ることや報道機関のような反権力の存在を認めることは、権威主義に陥ったり公共の自由を侵害したりするあらゆる誘惑を防ぐことを意図している。これらに加え、社会的不平等を是正するためには、平等の原則と「連帯」の要請の名において、国家の介入も必要となる。かくして共和主義国家は、福祉国家への傾倒を告げることになるのである。

このように、国家にまつわるさまざまな表象は、次々に現れながらも絡み合い、国家に堅固で永続的な基盤を与えている。それらはフランスという国家に独自の輪郭を与えることになるのである。

2 特異性

フランスの国家構造の特異性は、不可分に結びついた二つの側面の組み合わせにある。一つの側面は、社会の他の部分との関係における強力な自律性であり、国家は、社会作用の外側に位置し、その上位に位置する機関として理解されている。もう一つの側面は、象徴的かつ実際的な意味での国家機構の優越性であり、国家機構は、社会体系の要、また集合的アイデンティティの体現者の様相を呈している。

自律性

フランスにおける国家の独特な地位は、三つの側面から生じた結果である。

第一に、組織的な側面があり、国家は、社会の中で特殊な位置を占める強力な行政機構の形態をとっている。絶対君主制の実行役であり推進役であった官僚組織は、第一帝政期にその後も続くことになる輪郭が形成された。国家機能を行使することは、階層的な組織に属し、厳格な規律に服する常勤の公務員の役割となった。一九世紀末、採用選抜試験の一般化と政治的恣意に対する公務員の保障の提供を通じて、職業公務員という考え方が確立されたのである。フランス式の公務員制度には、いくつかの固有の特徴がある。たとえば、公務員の勤務条件の特殊性はその一つである。これは「身分規定」(statut) の存在に表れているが、この規定はなるべく「一般化」するよう努めることとされている。また、任用システムもその一つであるが、このシステムは、一九四六年にその考え方が結実する（職員群《コール》への組織化、(4) 採用・昇進の方法、俸給表など）に至ったものの、その代償としての硬直性は、運用上顕著になるばかりである。これらの要素はいずれもそれ自体はフランス独自のものではないが、これらが組み合わさって、まさしく独自の構造を生み出している。このように制度化されることにより、公務員の職業化は、政治の世界との分離をもたらすとともに、公務員の中に「連帯意識」を形成することにつながり、これは同時に外部との差別化の原理あるいは内部の団結の原理として機能している。

行政機構は、一元性の論理の上に構築されており、この論理は、特に法制度（階層構造、上級行政庁による指揮監督）を介して、公式・非公式の統合メカニズムによって保障されている。行政機構は、秩序立った、全体として整合的な構造物を形成しており、中央集権が続いてきたことによって、地方組織は限られた権限しか持たないものとされ、その限られた権限も中央政府の厳しい監督の下にしか行使できない。この一元的な国家モデルは、二〇世紀の間に国家の役割が拡大しても疑問視されることはなかった。たしかに、地方分権によって地方公共団体の自治権が強化され、その権限が拡大されたり、国に課せられた新たな任務を担うために公施設法人の数は増加したりしたが、このように行政が複数の拡がりを持つ巨大な機構となっても、依然として中央の影響力は強く、全体としての一体性が保たれている。

第二に、この組織的な側面に法的な側面も付け加わることになる。法的な側面は、通常の法律に比して特殊でありその例外となる規則を国家に適用することによって現れる。一般利益の代表者であり保証人である国家は、その法的・物質的両方の側面において強制力を独占しているため、私人と同じ法律や同じ裁判管轄に服することはできない。国家の活動の枠組みや国家がその特権を行使できる条件を規定する法的規則は、必然的に、一般法の規則とは異なる性質と射程を持つのである。国家には、その社会的自律性を保証すると同時に、その組織的一体性を確保する特別な法律が適用されなければならない。このように、フランスにおける行政法の存在は、歴史に深く根差した国家像を基礎としている。この国家像は、王権の確立とともに生まれ、革命の激動に耐え、帝政の下で花開いた後、法治国家の型に収まった。公的領域と私的領域を隔てる境界を具現化することによって、法的二元論は国家モデルと切り離せないものとして現れ、行政法の存在が常に国家モデルを強固なものにしている。実際には、行政がその活動のかなりの部分において常に一般法の適用を受けてきたことから、行政法の適用領域は部分的にとどまっているとしても、その存在は、行政と社会との間の主に権限を基礎とした関係モデルの形成を促してきたのである。

当初、行政法は、アンシャン・レジームの下でその輪郭ができ、特権的な法あるいは国家の主権的な力を示すものと考えられていた。一九世紀末になると、政治的自由主義と共和主義的な理想が発展することに伴って見方が変わり、公権力の制限と市民の権利の保護が重視されるようになった。にもかかわらず、行政に特例的な規則や特別な裁判官が依然として存在することは、国家と法の関係の特異性を引き続き示している。

（4）職員群《コール》（corps）とは、フランスの行政における人事管理の基本単位であり、そのうち特に威信の高いものは高級職員群《グランコール》（grands corps）と呼ばれる。「官吏団」や「官僚団」などと訳されることもある。〔訳注〕

最後に、この国家の独特な地位の象徴的な側面を見落としてはならない。この側面によって、国家は、私的領域を支配する個人の利益には還元することのできない一般利益の体現者として現れる。国家は、秩序と一体性の原理として、共同のプロジェクトを決定することによって、社会をまとめ、その統合を実現させることができるとみなされている。一般利益とは、国家に比類なき特異性を与え、その正当性の根拠となる価値論的原理である。議員や公務員は、国家に帰属することによって、一般利益の御墨付きを得て、つまり、原理の妥当性の保証の下に行動することができるのである。

米国では、一般利益は複数の個人の利益から合成され、個人の利益間の対立の産物であると考えられている。これとは異なり、フランスでは、一般利益と個人の利益は本質的に異なるだけでなく、矛盾するものであると認識されてきた。つまり、社会の集団的利益は、その構成員の個人の利益と対立することを免れないため、集団的利益は個人の利益に対して保護され、認められなければならないとされるのである。この考え方によれば、国会の審議はロビー活動による圧力から免れて行われるべきであるということになり、これは厳格な行政モデルにもつながる。つまり、行政は、一般利益に責任を持ち、これを保証するものと想定され、求められる大局的なものの見方を保ち、その思考の独立性を守るために、市民から距離を置くことが求められていたのである。

国家による介入主義が発展するのに伴い、このモデルは変容した。すなわち、新たに課された任務を果たすため、フランス国家は利益団体と緊密な関係を築くことを余儀なくされたのである。その結果、一般利益と個人の利益の間に確立されていた厳格な対立関係がここに至って曖昧になり、アングロサクソン的な考え方に近接することになった。しかし、介入主義の圧力の下で、より柔軟な考え方が徐々に認められるようになってきたとはいえ、この考え方によって、一般利益の定義に関して国家の独占が認められていることに疑問が呈されることはなかった。さらに、二〇世紀初頭に公共サービスという考え方が広まったことによって、国家を取り巻く表象の体系が豊かになった。すなわち、公共サービスに言及することで、一般利益という概念をいっそう強化しつつ、公的領域と私的領域の間に引かれた境界線をはっきりさせたのである。また、職業公務員制度を完璧に構築することによって、公務員に対して、職務上の身分を正当化するための全体として整合的な制度とともに、社会的アイデンティティを強固にするための同様に全体として整合的な価値論的枠組みを与えたのである。

優越性

国家は、社会体に対する存在論的優越性を付与され、重大な責任を負っている。絶対主義の時代以来、国家は、王権に由来する権限だけでなく、社会的、文化的、経済的な権限など、広範かつ多様な権限を獲得してきた。一七世紀以降、財政総監の主導により、本格的な国家指導経済体制《ディリジスム》（「コルベール主義」）が発展した。すなわち、国家は、関税措置によって農業と工業を保護し、ギルドを仲介役として経済機能を調整し、王立工場によって工業の発展を促進することを志向したのである。こうして「警察国家」は規制措置を通じて社会生活の多くの分野に組み込まれることになった。このような介入主義は一九世紀の間衰えることなく続いた。つまり、個人の優先と市場秩序の効用に対する信念の名の下に、自由主義的言説が国家の厳格な制限を主張したにもかかわらず、国家は広範な機能を担い続けたのである。その後、社会に対する介入は徐々に性質を変えていったが、フランス国家は、コルベール主義の伝統を継承し、経済の中で力強く存在感を示し続け、まさにそれによって資本主義の発展に適した環境を作り出した。

二〇世紀には、福祉国家が台頭し、国家の責任はさらに拡大した。フランス国家は、他の西欧諸国以上に、社会生活に対する本格的な保護体制を確立し、経済発展と社会保障を引き受けた。文化などの分野にも介入を拡大し、正真正銘の「文化国家」の形成に至ったことは、フランスにおける国家の独特な威光をよく示している。国家のこの新たな役割は、長きにわたり、社会的にも政治的にもはっきりとしたコンセンサスの対象であった。共同体の後見人にして個人の保護者に仕立て上げられた国家は、あらゆる種類の個人や集団のニーズを満たす使命を背負い、その能力を与えられているとみなされた。

公共サービスは、その拡大プロセスの中で、一連の段階を経て、フランス社会における構造的かつ構造を規定する地位を占めるようになった。公共管理の領域は、当初の中核である王権に由来する活動から、次第に同心円状に拡大し、経済・社会生活の全領域に及ぶようになった。この拡大プロセスは、公共サービス神話が根付くことによってさらに進み、その結果、公共管理は、原則的に民間経営よりも優れているものとして祭り上げられるようになった。すなわち、公共サービスは、平等に利用でき、最低限の費用負担で運営されることから、不平等の是正に努めながら、よりよく公共の利益を維持・保証することができるとみなされるのである。巨大な公共管理システムは、ネットワークで構成され、独占的な地位を与えられており、そのあらゆる分野とあらゆる階層で増殖してきた無数の組織は、誰もがいくつかの必要不可欠な財にアクセスできることを保証してきた。公共サービスは、集団生活の屋台骨を形成し、社会の統合と一体性のための最適な手段と考えられてきたのである。

国家の優越性は、能力と合理性を独占していると自認する行政エリートの存在に依っている。国家の知は、技術系の高級職員群《グランコール》（鉱山、土木）や事務系の高級職員群（国務院《コンセイユ・デタ》、財務監査官、会計検査院）を中心に構築され、これらの高級職員群の起源は古く、その威信は大変なものである。これらの高級職員群は、国家のアイデンティティと統合の保証人かつ擁護者として存在し、国家の強固で永続的な基盤を形成するものと考えられている。国家の創設とともに誕生し、フランスの政治史に刻まれた幾多の激動に耐えてきた国務院は、国家の継続性の象徴とさえなった。この象徴的機能に加え、国務院は、徐々に根付いてきた国家モデルの形成にも貢献してきたのであった。

＊＊＊

このフランス型国家モデルは、一連の適応の代償を払いながらも、その本質的な均衡をなんとか保ってきたが、一九七〇年代半ば以降の福祉国家の危機によって、大きな激変にさらされた。かくして、国家は、その社会における地位や組織原理だけでなく、その基盤にまで影響を及ぼす一連の新たな制約に服することになったのである。フランス型国家モデルの妥当性がいまや問われることになった。

第二章

国家モデルの不安定化

伝統的な国家モデルの変容は、三つの側面となって現れた。第一の側面は、脱神聖化の現象であり、これにより、国家は、その制度の強固な骨組みでありその正当性の基礎となっていた本質的な原理の腐食を被った。第二の側面は、通俗化の動きであり、これは公共管理の特殊性を失わせようとするものである。第三の側面は、再構成のプロセスであり、これは国家の構造を根本から修正するものであった。

1　脱神聖化

福祉国家の危機は、西側諸国すべてに拡がった極めて一般的な現象であったが、その国家構造の類型ゆえ、フランスにはより深刻な影響を及ぼした。一方では、国家が社会生活に対して築いてきた保護体制が弱体化した。すなわち、国家が直面した新たな制約によって、国家は一連の行動手段を奪われたのである。これにより、経済発展と社会進歩を促進する使命を課され、その能力を兼ね備えた強い国家というビジョンが問題とされるようになった。他方では、国家は、慈悲深く、全知全能で、誤りを犯すことがないという三つの仮定のおかげでこれまで信頼を集めてきたが、これがぼろぼろと崩れ去ろうとしている。国家の活動の妥当性はもはや当然には推定されず、一般利益を拠りどころとすることだけでは、もはやその正当性を保証するのに十分ではない。こうして、社会構造の要として伝統的にフランスで国家が享受してきた神聖さが危うくなったのである。

国家による保護体制の終焉

フランスでは、国家による保護体制は、国家が権限の行使を主張し得る空間を区切る国境に守られる形で発展することができた。しかし、国家間の影響力の範囲や支配領域を区切っていた物理的または象徴的な国境には、いまや綻びが生じるようになってきている。すなわち、国家にはあらゆる種類の流れが通り抜けるようになったが、国家はそれを制御することも、方向づけることも、必要な場合にせき止めることもできないのである。世界経済は「グローバリゼーション」という新たな時代に突入し、貿易の増大、地球の隅々に至るまでの金融資本の自由な移動、多国籍企業の爆発的な増加などが見られるようになった。国家は、グローバルな戦略を持つ強力なグループとの競争に直面するとともに、金融市場からの圧力にさらされており、世界経済の活動を監督する国際機関によって、その行動の余地は制限されている。これに並行して、欧州統合は超国家機関の創設につながり、その決定は加盟国を拘束するようになった。一九八六年の経済通貨同盟の創設と二〇〇二年のユーロへの移行によって、経済分野における国家の自由裁量が縮小された一方で、統合された欧州の権限は段階的に拡大され、主権の領域を含む国家活動の非常に広範な分野にまで及ぶようになったのである。グローバリゼーションと欧州統合の十字砲火に巻き込まれ、国家はその行動手段と社会を統治する能力の一部を失った。

こうして、国家を経済発展の水先案内人として祭り上げていた国家指導経済体制は、一九七〇年代以降、時代遅れになった。計画化の終焉によって、開発計画を策定するという一九四五年以降のすべての内閣が抱いていた野心が放棄されると同時に、国家は握っていた一連の経済政策の手段を失うことになった。つまり、ユーロへの移行によって、国家はその通貨に対する権限を奪われるとともに、財政政策における国家の裁量の余地も制限されることになった。また、欧州統合に伴う制約によって、貿易の障壁となり、競争環境を歪める危険性のある規制は撤廃を求められることになった。さらに、公共部門は経済において中心的な地位を占めていたものの、一九八六年以降、左派・右派の双方の内閣が民営化政策を推し進めた結果、公共部門は大胆に削減された。この関与の縮小は徹底的なものではないにせよ、国家が経済の主要部門の管理を受け持つという考え方は、もはや時代遅れとなった。国家は依然として経済の中で存在感を示しているが、もはや経済ゲームの支配者としてではなく、せいぜい全体的な均衡を維持する責任を負う「規制者」として、あるいは国家経済を推進する「戦略家」として登場するにすぎない。

同時に、社会体系や集団的想像の中で公共サービスが占める地位も見直されてきた。公共サービスは、さまざまな制約（技術的、経済的、財政的、社会的）を受けるようになり、その範囲をより細かく定められるようになった。すなわち、公共事業体に排他的な特権を与えることによって活動の全領域を公的管理下に置くという論理を断ち切り、社会の一体性確保の要請から特別の義務の対象とすべきものをそれぞれの分野ごとに限定することになったのである。こうした変遷は、欧州連合（EU）の諸機関によって提起された主要な国営公共サービスネットワークの再検討が契機と推進力になった。もっとも、この方向転換は経済的なサービスだけに関わるものではなかった。社会保障制度は、共済制度や民間の保険会社への依存を高め、強制保険と任意保険との間で新たにバランスを取る形へと移行している。「文化国家」はその野心を制限する傾向にあり、集合的アイデンティティに密接に関連する側面（遺産の保護と普及）に焦点を絞り直している。さらに重大なことには、国家のまさに本質に関わるとみなされているがゆえに「王権に由来する」と言われているサービスについても、その範囲自体がここに来て疑わしくなってきた。犯罪との闘いがさまざまな面で変質したことにより、窃盗等の軽犯罪に対処したり、身辺の安全を確保したりするための、まさに民間警備の市場が出現したのもその一例である。このように、公共サービスの境界は曖昧になっており、あらゆる分野において、民間主導の取組との役割分担がなされる傾向にある。

この境界を再定義することは、近年の国家改革プログラムの中心であった。二〇〇七年の「公共政策の全般的見直し」（révision générale des politiques publiques：ＲＧＰＰ）は、「スリムな国家」を実現し、行政を「中核的な任務に改めて集中させる」という目標を掲げた。しかし、この目標は、二〇一二年の「公共政策の近代化」（modernisation de l'action publique：ＭＡＰ）の政策にも盛り込まれたものの、その大部分は死文化したままである。この考え方は、二〇一七年以降、「公共政策二〇二二」プログラムとして再始動し、「あらゆる公的機関全体の任務を抜本的かつ継続的に見直す」ことを目的としている。しかし問題となるのは、この削減をどのように達成できるかである。フランス・ストラテジー(5)がはっきり示すところによれば、フランスの公共支出の水準が他の欧州諸国の平均に比べて著しく高いのは、何よりもまず、主に社会的領域における「集合的選択」によるものである。(6) すなわち、集合的消費の領域は、強い抵抗を受けずに手を付けることはできないのである。社会の一体性と平等にとって不可欠な要素として認識されている公共サービスへの強い愛着は、どの調査でも証明されている。したがって、「二〇二二年公共政策委員会」の報告書に盛り込まれた公共サービスの「抜本的変革」という考え方は、「アウトソーシングの選択」によって公共サービスがその「本業」でないものから解放されることにつながるとするものであるが(7)、それが公共部門と民間部門の境界の単純な再調整を超えるものである限り、ほとんど幻想である。

国家による社会生活に対する保護体制の終焉は、その制度の根底にある価値観の危機を伴っている。

（5）フランス・ストラテジー（France Stratégie）は、首相直属の独立機関であり、正式には戦略展望庁（Commissariat général à la stratégie et à la prospective：CGSP）と称される。かつての計画庁（Commissariat général du Plan）や戦略分析本部（Centre d'analyse stratégique）の後継組織として二〇一三年に創設された。〔訳注〕

（6）« Où réduire le poids de la dépense publique ? », *Note d'analyse*, n° 74, janvier 2019.〔原注〕

（7）Rapport du « Comité Action publique 2022 », *Service public. Se réinventer pour mieux servir*, juin 2018.〔原注〕

信頼の浸食

国家がその正当性の根拠としてきた表象は、その力を失った。一九七〇年代以降、福祉国家の危機は、公共政策は有効であるというドグマに深刻な打撃を与えた。当時とられた措置が成長ペースの維持と完全雇用の維持に失敗したことによって、国家は、もはや誤りを犯すことがなく、何にでも対応できる存在とはみなされなくなった。グローバリゼーションの力学と欧州統合の進展は、この状況をさらに押し進めた。複雑な相互作用の中に開放経済が設けられるという現実の下、折り合いをつけなければならない複数の勢力との競争にさらされているものの、国家は、もはや限られた行動能力しか持たなくなった。グローバル化した資本主義の時代にあっては、真の意思決定権は国家の外側や国家を超越したところに存在するのである。[8]政権与党が選挙で選ばれた時の公約を実現できないのは、国家が無力であることの表れである。公共サービス自体も、サービスの質に不満を持ち、要求が多く権利意識の高い利用者からの批判的な評価からもはや免れることはできない。

同時に、選挙で選ばれた議員や公務員は一般利益のためだけに動いているという仮定は、当事者にとっての価値論的原理や参照枠組みとなってきたが、公共のものとみなされている価値観に反するさまざまな行動が明るみに出るにつれて、この仮定は信頼性を失っている。たとえば、「汚職」や「不祥事」の増加、「個人的な利益のための職権濫用」や「収賄」を含む汚職の国家のトップへの拡がり、[9]「利益相反」の常態化は、公共空間をこれまで以上に冷めた目で、厳しく、幻滅して捉えることにつながるだろう。実際、世論調査や投票行動などの一連の指標が示すように、新たな不信感が拡がり、[10] 代表者との関係性をむしばみつつある。このように逸脱が認められることを受け、公共性に付随する価値を強固なものにしようとする試みがなされている。すなわち、「模範的な国家」と「非の打ちどころのない共和国」の名の下に、公共部門を浄化し、モラルを向上させる取組はこうして開始され（二〇一三年一〇月一一日法）、公務員が遵守すべき倫理原則が公務員の身分規定に盛り込まれた（二〇一六年四月二〇日法）が、これは一般利益の神話を回復するには不十分であった。そこで、「公共政策に対する信頼の回復」を目的とした二つの法律が二〇一七年九月に制定され、一連の新しい措置が施行されたことによって、対策が強化された。

　行政エリートの特権的地位は、いまや繰り返し批判の対象となっている。フランスは、西側世界の中でも、エリートの同質性が最も際立っている国である。つまり、エリートは同じような環境で

（8）Colin Crouch, *Post-démocratie*, Paris, Diaphanes, 2013.（コリン・クラウチ『ポスト・デモクラシー——格差拡大の政策を生む政治構造』山口二郎監修、近藤隆文訳、青灯社、二〇〇七年）: Wolfgang Streeck, *Du temps acheté. La crise sans cesse ajournée du capitalisme démocratique*, Paris, Gallimard, 2014.（ヴォルフガング・シュトレーク『時間かせぎの資本主義——いつまで危機を先送りできるか』鈴木直訳、みすず書房、二〇一六年）〔原注〕

（9）Françoise Dreyfus, *Sociologie de la corruption*, Paris, La Découverte, 2022.〔原注〕

（10）Pierre Rosanvallon, *La Contre-démocratie. La politique à l'âge de la défiance*, Paris, Seuil, 2006.（ピエール・ロザンヴァロン『カウンター・デモクラシー——不信の時代の政治』嶋崎正樹訳、岩波書店、二〇一七年）〔原注〕

養成され、同じような採用ルートをたどり、同じような国立学校を出ている。まさに「国家貴族」[11]が、国家によって指揮することの適性と正当性を保証され、こうして社会権力のさまざまな場所を支配していると見られている。政治の世界で上級公務員が獲得した地位は、民主主義的な作用の歪みにつながる可能性がある。すなわち、「政治家階層」はますます社会学的に同質化し、ますます社会の多様性を代表しなくなっているのである。新しい形の「天下り」[12]については、公的領域と私的領域の交雑がますます進んでいることを示すものであり、国家が伝統的にその正当性を築いてきた価値体系に疑問を投げかけることになる。[13]「行政寡頭政治」は、集合的選択の決定に影響を与えることによって、権力の源泉を併せ持つことになろう。[14]しかし、このエリートの有能さのイメージは、大銀行や大企業のトップに座る一部のエリートによる失態が大きく響き、損なわれるばかりである。

より一般的に言えば、国家はもはや一般利益を独占的に定義する存在とはみなされなくなった。すなわち、一般利益は、公共領域の内部のプロセスだけの結果ではあり得ず、いまや社会のアクターもまた、選択肢の立案に参画し、公共サービスの管理に貢献するよう求められるようになったのである。このような一般利益の脱神聖化は、公共部門と民間部門の新たな関係を前提とするものであり、利益団体による介入は、もはや耐えがたい侵入ではなく、集合的選択の質を高める手段とみなされるのである。そして、市民自身も、意見を聞いてもらい、その責任の行使に参画する機会を持たなければならない。

このように、市民による参画は、その多様な形態を通じて、フランス型国家モデルに固有の一般利益に対する見方を根本から刷新することになるのである[15]。半直接民主制の手続の拡張と意思決定過程への参加を通じて、政治の仕組みに市民が積極的に参加することによって、政治的代表者が一般利益の定義を独占していたことに疑問が呈されるようになった。サービスの運営に介入する権限を被治者に与えることは、社会から分離され、その分離を論拠として政策を押し付ける行政という見方を放棄することを意味する。選択がなされる前に、さまざまな問題提起を突き合わせることを

---

(11) Pierre Bourdieu, *La Noblesse d'État*, Paris, Les Éditions de Minuit, 1989.（ピエール・ブルデュー『国家貴族――エリート教育と支配階級の再生産』Ⅰ・Ⅱ、立花英裕訳、藤原書店、二〇一二年）〔原注〕

(12)「天下り」は、フランスでは「スリッパ履き」（pantouflage）と呼ばれる。元高級官僚が再就職先企業において少ない仕事で恵まれた待遇を享受している現象は、家で固い靴を脱いでやわらかいスリッパ（pantoufles）に履き替えてくつろいでいるさまを想起させる。〔訳注〕

(13) Pierre France et Antoine Vauchez, *Sphère publique, intérêts privés. Enquête sur un grand brouillage*, Paris, Presses de Sciences Po, 2017.〔原注〕

(14) Laurent Mauduit, *La Caste. Enquête sur cette haute fonction publique qui a pris le pouvoir*, Paris, La Découverte, 2018.〔原注〕

(15) 国務院《コンセイユ・デタ》は、「一般利益に対する妥協的な見方」を提唱し、「自分たちに関係する決定の立案と実施に市民をより密接に関与させることによって」、公的選択の正当性を強化する必要があると強調した。Conseil d'État, « L'intérêt général », *Études et documents*, n°50, 1999.（内海麻利訳「コンセイユ・デタ『一般利益に関する考察一九九九年報告書』」『駒沢法学』一七巻二－四号、二〇一八年三月）〔原注〕

可能とするため、意思決定システムの上流に討議の場を設けることは、一般利益を、組織化された団体だけでなく市民一人ひとりを含むあらゆる社会のアクター間の広範な相互作用の産物とすることを目指すものである。

国家はもはや聖なるものの特権を享受していないが、これによって国家がすべての優位性を失ったというわけではない。社会の要として構想された国家のイメージは、フランスの集合的表象の中にしっかりと根付いたままである。当たり前であったことが崩れ、目印が消えつつある世界にあっても、国家は依然として、実際的にも象徴的にも、参照点を成しているのである。

2　通俗化

フランスにおける国家改革政策は新しいものではなく、過去数十年にわたって次々といくつかの段階を経てきたが[16]、近年になって、ニュー・パブリック・マネジメント（NPM）が普及したことの影響を受け、新たな方向性を採り入れるようになった。ニュー・パブリック・マネジメントとは、英国をはじめとするアングロサクソン諸国で構想された改革理論であり、国際機関が熱心な伝道者となっている。というのも、この理論は、世界中で実施されているほとんどの改革プログラムの基礎となっており、普遍的に適用可能な原則の存在を前提としているのである。ニュー・パブリック・マネジメントは、一定の価値観に基づき、一連の考え方を含む完全な国家モデルを構成しており、フランス型国家モデルの対極に位置する。したがって、フランス型国家モデルがニュー・パブリック・マネジメントに順応するには、このモデルを構成するさまざまな要素（象徴的、組織的、法的）に影響を及ぼさないわけにはいかず、その程度は一様ではないものの、これらの要素を弱体化させている。成果主義《パフォーマンス》という考え方を中心とする新たな合理性が公共政策の指針となっていく一方で、公共管理の特殊性は崩れつつある。

成果主義の論理

効率性というテーマは、一九六〇年代には「予算選択の合理化」（rationalisation des choix budgétaires：ＲＣＢ）という考え方の名の下で、一九七〇年代からは福祉国家の危機との関連で、いくつかの段階を経て推進されてきた。福祉国家の危機は、公共政策の基礎となる価値論的枠組みに疑問を投げかけた。一般利益の御墨付きによって公共政策は正当化されるという前提は、国家はその一挙手一投足について説明し、国民の批判的な審判に従わなければならないという確信に取って代わられたのである。国家は、誤りを犯すことがないとみなされる特権を失ったことにより、実施した政策の有効性を具体的に証明するよう求められるようになった。したがって、政策評価制度の導入

（16）Philippe Bezès, *Réinventer l'État. Les réformes de l'administration française (1962-2008)*, Paris, PUF, 2009.〔原注〕

はこの論理的な帰結であり、一九九〇年一月の省庁横断的な措置の施行[17]は、評価アプローチを政府の業務の中心に据えようとする意思を示すものであった。

効率性の基準枠組みが成果というテーマに焦点を絞り直していることは、行政管理の特殊性を相対化し、民間部門の経営手法から着想を得るよう促すニュー・パブリック・マネジメントの考え方を受容したことと不可分であった。こうして、フランスの国家の文化とはまったく異質な「成果主義の文化」が、二〇〇〇年代のフランスに広まったのである。二〇〇一年の予算法に関する組織法(Loi organique sur les lois de finances：ＬＯＬＦ)[18]は、この転換を象徴的に表現するものである。国家予算を「手段」の論理から「結果」の論理へと移行させることを目的とし、この法律のあらゆる規定が「成果に基づく運営」の考えに基づいている。まず、各事業には「年次成果計画書」(projet annuel de performance：ＰＡＰ)があり、数値化された指標の形で目標が設定される。その後、事業の実施中には、進捗の管理を行うことで、達成された結果と期待していた結果との差異を測定し、必要な是正措置を実施することが可能となる。最後に、事業の終了後には、「年次成果報告書」(rapport annuel de performance：ＲＡＰ)において事業の実施状況が報告され、その結果、場合によっては目標の再定義や資源の再配分につながることになる。

この取組は、予算措置を活用したものであるが、二〇〇七年に開始された「公共政策の全般的見直し」(ＲＧＰＰ)によって拡張された。ＲＧＰＰも成果主義の論理に裏付けられたものであり、その目的は、「可能であれば資源を節約しながら、必要な場合には公共サービスを向上させる」ことと両立させつつ、「より少ない資源でより良いことをする」ために、すべての公共政策を精査することである。また、二〇一二年にこれを引き継いだ「公共政策の近代化」（ＭＡＰ）も同様の考え方に位置づけられ、「公共政策の刷新」と「財政再建の努力」の両立を目指したものである。さらに、すべての国民が公共政策の進捗状況を監視できるようにするとともに、二〇一七年以降に実施された日常生活に影響を及ぼす優先的改革の成果を測定できるようにすべく、二〇二一年一月に「公共政策の成果バロメーター」が創設されたが、ここにも同じ成果主義の論理を見出すことができる。

　測定手段の存在を前提とするベンチマークの導入は、「数量による統治」[19]の一環として「数値の政策」を目指すものであり、必然的に、伝統的に適法性の要請によって支配され、一般法の例外規定、すなわち行政法の適用によって特徴づけられてきた公共管理への適用原則に転換をもたらすものとなる。行政法は、経済的な関係を超越して一般利益に責任を持ち、これを保証する行政の比類なき特異性を表現するものとして構想されていたが、いまや覇権的となった経済の論理の刻印によって特徴づけられる傾向にある[20]。行政法のさまざまな分野が、成果主義の要請の名の下に徐々に形

（17）Décret n° 90-82 du 22 janvier 1990 relatif à l'évaluation des politiques publiques.〔訳注〕
（18）Loi organique n° 2001-692 du 1 août 2001 relative aux lois de finances.〔訳注〕
（19）Alain Supiot, *La Gouvernance par les nombres*, Paris, Fayard, 2015.〔原注〕
（20）Jacques Caillosse, *L'État du droit administratif*, Paris, LGDJ, n° 56, 2e éd., 2017.〔原注〕

を変えてきた。たとえば、公務員の身分規定に関する改革は、当事者の業績をより適正に評価し、これまで以上に考慮に入れることを目的としており、また、公法人所有権一般法典は、行政財産の資産価値を向上させるため、積極的な資産運用を促進することを意図している。行政裁判所自体も、費用便益分析の経営原則への言及、裁判的統制における効率性の強化、運用方法の改善を目指す改革の採用を通じて、成果主義の論理を採り入れるようになってきた。

二〇二一年六月二日オルドナンス[21]による上級公務員制度の改革も同じ論理に従っている。すなわち、その目的は、まず、上級公務員をより社会に開かれた存在にするためにその採用方法を改めること、次に、しばしばルールのようになってしまっている「画一的な思考」を避けるために研修内容を見直すこと、そして最後に、職業生活を通じてより多くのキャリア変更の可能性を整備するとともに、若い上級公務員が「絶対に辞めさせられることはないと保証され」つつただちに高位ポストに就くことを認めないことによって、キャリアパスを変えることである。国立行政学院（ENA）に代わって国立公共サービス学院（INSP）を設置するとともに、今では職務上の身分に置き換えられている既存の一六の職員群《コール》を統合して単一の上級行政官の職員群を創設することによって、「よりよく機能する何か」を構築し、国家機構のトップにいる人々の能率を向上させようとしたのである。そうすることで、これまで見てきたように、フランス型国家モデルの核心にある本質的な要素に手を付けることになる。

成果主義の論理は、いまや国家改革の政策を支えており、公共サービスに対する伝統的な見方に根本的な変化をもたらしている。つまり、公共サービスは、ビジネスの世界とは根源的に異なり、何よりも適法性を重視する世界であるという見方は、生産性と収益を絶えず向上させることによって、割り当てられた物的・人的資源を可能な限り最大限に活用することが求められるサービスというイメージに取って代わられたのである。しかし、この論理も不明瞭さを残している。「より少ない資源でより良いことをする」ことを目的とする成果主義という概念には、二つの面がある。すなわち、一方では、質を重視することによって提供するサービスを改善することを言い、もう一方では、生産性を向上させる努力によって運営コストを削減することを言う。ところが、サービスの質の向上と資源の節約の両者では、往々にしていずれかを選ばないといけないことになり、国家財政の危機によって後者の要請が優先されるようになった。たとえば、コストの削減は、その結果としてサービスの質が低下したとしても、職員数を減少させ、いくつかの施設を閉鎖し、地域事務所を統合することを正当化するであろう。こうして権利擁護官[22]は、公共サービスを最も必要とする人々

（21）オルドナンス（ordonnance）とは、本来は国会が法律をもって規律すべき事項について、期間を限定して授権法律により政府が制定する法規を指し、憲法第三八条に規定されている。〔訳注〕

（22）権利擁護官（Défenseur des droits）とは、フランスの独立憲法機関であり、二〇〇八年七月二三日の憲法改正及び二〇一一年三月二九日組織法によって創設された。憲法第七一条の一第一項は、権利擁護官について、「国の行政機関、地方公共団体、公施設法人および公役務を担うあらゆる組織あるいは組織法律が権限を付与したあらゆる組織によって、権利および自由が尊重されるように監視する」ものと規定している。〔訳注〕

にとっての「公共サービスが次第に消えていく弊害」を目の当たりにすることになる。[23] このような状況下では、提供されるサービスに不満を持つ利用者と、労働条件の悪化を糾弾する職員の双方の不満を招くことになり、成果主義の論理は、公共サービスというブランドイメージを間違いなく損なわせている。

成果主義の論理が重視されることで、フランスにおいて公共管理を伝統的に特徴づけてきた特殊性が失われつつある。

失われる特殊性

フランスで実施された行政改革の政策は、民間の経営手法が公共領域に浸透したことを示している。そこで活用された新しい管理手段は、ほとんどの場合、民間企業の世界から導入されたものである。

経営上のノウハウの普及は、民間部門で始まった「人的資源管理」（ＨＲＭ）手法を行政に移植することにつながった。行政において「人的資源を管理する」ということは、公務員も民間部門の賃金労働者と同じように扱われ、共通の職務要件に照らしてみれば、両者の地位の違いはおぼろげなものとなり、さして重要ではなくなることを意味する。行政においても、企業においてそうであるのと同様に、個人は潜在力、すなわち「資源」とみなされ、「最適化」の論理の下、可能な限り最大限に活用するよう努めなければならない。そして、職員のモチベーションを高め、組織への帰属意識を高めるために、関係者の満足度の向上を常に追求する必要がある。したがって、行政は、職員を「管理する」ために用いてきた従来型の法的・予算的アプローチから脱却し、民間企業が採用しているアプローチを採り入れるよう求められているのである。行政がそのために使用する管理ツールは、もはや民間企業で使用されているもの（雇用の予測に基づく管理、研修、人事交流、ＱＣサークルなど）と大きな違いはない。

管理職に権限を与えることも、同じ考え方によるものである。これによって、管理職は新たな裁量の余地を持ち、管理するサービスの質を向上させるために必要なイニシアチブをとれるようになるのである。ニュー・パブリック・マネジメントの基本理念として祭り上げられたこの要件は、現場サービス部門の自律化を前提としている。この仕組みは、ニュー・パブリック・マネジメントの他の考え方と同様、かなりの程度において、企業で実際に適用されている組織原則に着想を得ており、プリンシパル（本人）とエージェント（代理人）の区別を取り入れたものである。すなわち、国家もまた「プリンシパル」として捉えられるべきであり、国家が資源を提供する代わりに国家に対して報告の責任を負う「エージェンシー」に、財やサービスの実際の生産を委託するのである。こうして、エージェンシー化は、近代国家樹立の根幹をなす伝統的な「省庁国家」の姿から、顧客・利用者を可能な限り満足させることを目的とした組織である「企業国家」の姿への転換を意味

（23）二〇一八年度権利擁護官年次活動報告書。〔原注〕

することになる。

この権限付与の論理は、二〇〇一年の予算改革の組織原則が示すように、エージェンシー方式のみならず国家機構全体にまで及んでいる。この改革により、予算法に定められた各プログラムは、設定された目標にコミットする一人の責任者によって管理されることになった。責任者にその任務を遂行する手段を与えるため、予算法に関する組織法（LOLF）は責任者に管理面で大きな裁量を与えており、責任者が自由に使えるさまざまな予算（人件費、運営費、投資費用など）はひとつのパッケージにまとめられ、異なる予算枠の間での再配分も可能である。

改革の諸政策の中心にある被治者（administré）の新しい認識の仕方にも、民間の価値観の浸透を認めることができる。公的なものとの関係性を特徴づけていた「利用者」という地位は、より平凡な顧客の立場へと移行し、消滅する傾向にある。つまるところ、利用者は単なる「顧客」にすぎなくなり、行政に対して自分の願望をできる限り満たしてくれることを期待するのである。この観点からは、行政サービスには、需要に応じて提供するサービスを調整することが求められる。これには、国民のニーズと期待を体系的に調査し、それらに従って積極的かつ自発的に政策を実行し、その成果の質を向上させることが必要となる。

公共管理に適用される原則が他と変わらないものになることによって、公共部門の比類なき特異性を証明し、擁護し、保証してきた法制度の妥当性について疑問が呈されるようになった。国家が民間部門の経営から学ぶように求められた途端、国家に適用される法規範の特殊性を正当化するものは何もないように思われる。

公法の変遷は、一致した傾向にある三つの動きによって特徴づけられてきた。第一に、一般法が公共政策に広く適用されるようになった結果、公法の適用範囲が狭まった。この一般法の適用拡大は、本質的には、ヨーロッパ法の影響下において、市場経済がその基盤とする競争秩序に優先権を与えたことによるものである。しかし、この論理は国内法にも転用されている。すなわち、一九八六年一二月一日の競争に関するオルドナンスは、その条項を「公法人が行うものを含め、すべての生産、流通、サービス活動」に適用すると規定し、国務院《コンセイユ・デタ》はこの原則をサービスを組織化するための措置にまで拡大したのである。

第二に、公法の諸規定の特殊性が失われつつある。あたかも私法が「参照法」であるかのように事が運ばれており、公法は可能な限り私法に合わせることを求められている。行政法の例外措置としての側面は、多くの分野で徐々に削減されてきており、たとえば、公取引法典の累次の改革は、契約締結の手続と基準を柔軟にし、よりいっそうの透明性と競争を導入しようとするものであった。また、新たな公法人所有権一般法典は、国有財産制度のみが服する固有の法原則の適用範囲を縮小するとともに、行政財産の管理規則をより柔軟なものにした。さらに、行政賠償請求権は、司法裁判所によって採用される解決策とますます類似するようになってきている。公務員の身分についても、次々と変更がなされている。たとえば、公務員制度の変革に関する二〇一九年八月六日法は、その規定全体として、公務員の身分の硬直性を軽減し、異動・再配置を奨励することを目的としているが、あらゆる採用区分において、また、管理職においても、契約職員を活用する可能性を拡大した。公務員の身分規定の論理によって具体化されていた公的部門と民間部門の境界は、こうして崩れつつあるのである。行政法のこのような変動に伴って、行政裁判制度の特殊性について改めて疑問が呈されるようになった。欧州司法裁判所及び欧州人権裁判所からの複合的な圧力の下、行政裁判所の組織原則と運用手順は、通常裁判制度に合わせる形で再評価が行われてきた。

しかし、このように公法の輪郭が崩れつつあるといっても、公法が時代遅れになったというわけではない。フランスにおいては、国家の法体系は公法の存在そのものを改めて問題にするにはあまりにも深く根付いている。公法の永続性は、長い歴史的伝統の継承者であり、高度に構造化されている法分野の存在によって保証されている。つまり、憲法は合憲性審査の拡充に乗じて発展し、ヨーロッパ法もまた発展したが、いずれも公法と私法の間の伝統的な境界線を尊重しながら発展してきたのである。国務院《コンセイユ・デタ》は、国家と権力機構の中枢において最も重要な位置を占め、この公法の継続性の保証人であり擁護者であると見られている。国務院がその大部分を主導している法律の改正も、公法の継続性と両立するものである。なぜなら、国家が直面している変化によって必要とされている適応のプロセスを国務院が体現しているにすぎないからである。

3　再構成

フランスにおいて国家機構は一元的な論理の下に構築されてきたが、この論理は、分裂の動きによって問い直されるようになり、その結果、行政組織はますます多様化し、これらの組織の自律化が進むとともに、全体の統合を保証し、結束を維持してきた紐帯が緩むようになった。

多元的国家

それまでアングロサクソン諸国の専有物と思われていた独立した行政組織の方式がフランスで定着したことは、この分裂を象徴している。これらの行政機関は、経済規制と基本的権利の保護という機能を与えられ、孤立して「国家機構外」に位置する機関であり、組織的・機能的な独立性が保証されている。これらの機関は、特定の国家機能が政治的合理性の支配から免れることを意味しており、多様な主体のモザイクからなる「多元的国家」を生み出すことによって、伝統的に国家構造を支配してきた原則とは相容れないものとなっている。

「独立行政機関」（autorité administrative indépendante：ＡＡＩ）という用語は、一九七八年一月六日の「情報処理と自由」法において、情報処理と自由に関する全国委員会（ＣＮＩＬ）に関して初めて登場し、当初一種独特な方式として考えられていたものであったが、これに続き、他の多くの分野にも拡大されるようになった。その後、独立行政機関のカテゴリーが創設されたことは、法理論、行政裁判所、憲法裁判所及び国会による一致したイニシアチブの産物と言えるであろう。その後数十年にわたってこれらの独立行政機関が急増し（その数は四〇程度に上った）、その活動の分野だけでなく、その構成、その権限（制裁を科す権限が与えられているかどうか）、その地位についてもますます多様化する傾向にあった。たとえば、これらの機関のいくつかは、「独立公共機関」(autorité publique indépendante) と呼ばれ、法人格を与えられており、二〇一一年に創設された権利擁護官は「独立憲法機関」(autorité constitutionnelle indépendante) とされている。独立行政機関に関する通則法（二〇一七年一月二〇日法）の制定は、この発展を支配してきた経験主義とプラグマティズムに終止符を打つことを意図したものであった。同法は、これら独立行政機関（二六機関）を限定列挙しつつ、組織、倫理、運営条件及び国会による統制の手順に関する一通りの共通ルールを定めているが、この枠組みの影響力は不十分なものにすぎず、国会は依然として新たな機関を創設する可能性を有している。

分権化された共和国

一九八〇年代以降、国家と領土の関係は大きく変化した。地域に網の目のように拠点を置いた行政機構は、その活動の幅を拡げ、その自律性は強化された。まるで、地域の特殊性を考慮しながら、住民にできるだけ近いところで行政を行う必要が生じたかのように物事が進められている。

一九七〇年代初頭に地方自治を促進する措置から始まった地方分権の政策は、一九八二年の改革によって拡大・強化され、地方制度の枠組みを根本的に修正した。地方公共団体の有する権限、特に経済的・社会的な分野の権限は、財政的・人的資源の増加や上級行政庁による指揮監督の伝統的な形態を廃止したことと相まって、本格的な政策の展開を可能としている。

二〇〇三年三月二八日の憲法改正を伴う改革により、新たな段階に達した。地方分権の原則（共和国は不可分のままであるが、「その組織は地方分権化される」（憲法第一条）と規定された）及びその当然の帰結として補完性の原則（憲法第七二条第二項）が憲法に盛り込まれ、それに伴って地方分権に新たな局面をもたらす一連の規定が設けられた（地方公共団体への「自らの権限を行使するための条例制定権限」や現行の法令に対して「実験的に、限定された目的かつ期限において適用除外措置を講じる」権限の付与、地方公共団体の財政上の自律の保証、住民に対する新しい権利の承認等）。この改革は、地方住民投票、実験的自治、財政上の自律に関する三つの組織法律によって補完され、地方公共団体への新たな権限委譲につながった。

二〇一二年以降に実施された新たな地方制度改革は、特に人口の集中しているいくつかの都市部における大都市圏（métropole）の創設（二〇一四年一月二七日法）、地域圏（région）の大括り再編（二〇一五年一月一六日法）、地域圏及び都市間共同体（intercommunalité）の強化（二〇一五年八月七日法）によって、地方制度のシステムをいっそう複雑なものにした。一方で、地方公共団体の地位の差別化の動きがますます進んだことにより、画一性の原則が槍玉にあげられることになった。海外領土が独自の地位に移行したことはこうした動きの好例であり、大都市圏が創設されたことによってこの動きは強化された。地域的な独自性は、フランスにおいて支配的であった領土の単一性を重視する見方のために従前は否定されてきたものであるが、こうした動きはこれを考慮に入れていることの表れである。ニューカレドニアの地位[24]によって、単一国家の論理を打ち破りながら、単なる地方分権を超えたさらなる一歩が踏み出されたのである。

二〇一七年以降、権限、財政、責任の連関を明確にすることを目的とした「地方分権の新局面」（新たな政策パッケージ）が打ち出された。その目的は、国と地方公共団体の権限を「整理し直す」だけでなく、何よりも「日常生活に関する政策」（住宅、交通、環境）に関連する新たな権限を地方公共団体に委譲することであった。同時に、地方公共団体が特定の権限を行使したり、現行法令に対して適用除外措置を講じたりする可能性を容認することによって、地方公共団体間の差別化の動きはさらに拡大されることになった。二〇二二年二月二一日の「差別化・分権化・分散化・簡素化」法（différenciation, décentralisation, déconcentration, simplification：３ＤＳ）はこうした動きの集大成である。

これに並行して、一九九〇年代は地方分散化政策（déconcentration）[25]にとっての転換点となったが、これは、この地方分散化の枠組みにおいても補完性の原則が確立したことによるものであった。国の地方出先機関は、いまや中央省庁の権限に属さない管理業務に責任を負うようになり、特に財政上においてより大きな管理権限が与えられるようになった。二〇〇二年以降、その後二〇〇七年以降も「国の地域行政に関する改革」（réforme de l'administration territoriale de l'État：RéATE）の一環として再始動したこの動きの結果、二〇一五年には地域圏レベルと国の出先機関間の結束を強化する新たな分権憲章の採択につながった。二〇一七年以降にこれを引き継いだ「国の地域組織」

（l'organisation territoriale de l'État：ＯＴＥ）の改革は、公共政策の実施において県レベルが最も重要な立場にあることや、その中で県知事が占める中心的な役割を再確認しつつも、それぞれの国の(26)

（24）南太平洋に位置するフランス領ニューカレドニア（Nouvelle-Calédonie）は、一八五三年にフランスが領有を宣言し、一九四六年以降はその「海外領土」となった。その後、先住民族であるカナックによる独立運動の高まりを受け、一九九八年には、フランス政府、独立派、反独立派の三者間に「ヌメア協定」が成立し、自治権の拡大や独立の是非を問う住民投票の実施が合意された。これに伴い、一九九八年及び二〇〇七年に憲法改正が行われ、同協定の承認にかかる住民投票の手順（第七六条）、承認後の組織法律の内容やニューカレドニアの議会の議員を選出する選挙人資格を一九九八年以前の住民とその子孫に限定すること（第七七条）等が規定された。国家として独立しなかったフランスの海外領土の多くが原則として本土の県と対等な「海外県」などに移行したのとは異なり、ニューカレドニアだけは憲法上特別な地位を与えられた。なお、独立の是非を問う住民投票は、二〇一八年、二〇二〇年及び二〇二一年に実施されたものの、いずれも反独立派が多数となった。また、二〇二四年には、ニューカレドニアの議会の選挙人資格を一九九八年以降の移住者にも拡大する憲法改正案が発議され、元老院と国民議会の両院において可決されたが、同年五月にカナックによる反発を契機としてニューカレドニアで大規模な暴動が発生し、翌六月にはマクロン大統領が国民議会を解散したことによってこの改正案は凍結された。〔訳注〕

（25）フランスでは国から地方自治体への権限委譲である「地方分権」と区別して、国の中央省庁と地方支分部局との間の事務や権限の委譲を「地方分散化」と称している。〔訳注〕

（26）ここでいう「県」や「県知事」は、地方自治体やその住民によって選出された公選の首長を指すものでなく、フランスの国の行政区分としての「県」とその県域において国を代表するために中央省庁から派遣される国家公務員の「県知事」を指す。「県知事」は、官選知事であることを強調するために「地方長官」と訳されることもある。〔訳注〕

出先機関に予算管理と人的資源管理の面で新たな裁量の余地を与えたのである。

分裂する行政

他方では、財やサービスの生産活動も、自律的な公共事業体や民間事業者に委託される傾向にある。

実施庁（agence）の設立は、ニュー・パブリック・マネジメントの理論から直接的に着想を得たものであり、国の中央省庁が責任を負ういわゆる「企画立案」機能と、実施部門に委ねられるいわゆる「現業」機能との分離に基づいている。実施部門には、目標設定や業績の定期的な評価といった約束の履行を求められる見返りとして、公共政策における成果を向上させるための新たな裁量の余地が与えられるのである。

公共政策の立案と実施の責任を分離するというこの経営管理的なモデルは、一九九〇年代以降の実施庁の急増が示すように、フランスにおいても否定しがたい魅力を有してきた。その一方で、こうした実施庁が急増したといっても、その地位、任務及び運営方針においてはかなり多様であった。実際、この「実施庁」という語彙は、何よりもそれが持つ象徴的な側面から使用されていたのであり、実施庁を設立するということは、従来の行政組織ではできなかった方法によって課題に取り組み、社会的要請に応えようとする意思を示すものであろう。このように、フランスの実施庁は、法人格を有し、従来の公的機関よりも大きな自由を享受していると言える。二〇一三年四月九日付通達は、国務院《コンセイユ・デタ》からの要請に応え、実施庁を設立する際に考慮すべき基準と遵守すべき規則を列挙することによって、それまではっきりしていなかった要素を明確化した。

行政の分裂傾向は、国家の任務を遂行するために民間部門との協働を活用することにも表れている。公共サービスの管理にあたって民間部門を活用することは今に始まったことではないが、今日、アウトソーシングの進展はこれまでと異なる次元と範囲に及んでいる。現実的な理由（国家財政の危機、効率化の要請など）だけでなく、イデオロギー的な理由（国家の正当性の欠如、補完性の原則の確立など）からも、社会のアクターが公共政策の実施や集団的利益に関わるサービスの提供に体系的に関与するようになっている。管理委託手法や官民連携の発展は、国家が民間部門のノウハウ、資源、技能を利用する必要性をますます感じていることを示している。

このように、フランスにおいて国家機構がその基盤としてきた単一国家モデルは、強い衝撃にさらされている。フランスの国家建築は、バロック風な奇異なものとなってしまい、その厳密さと古典的な美しさを失った。国家はもはや一枚岩ではなく、異質な要素で構成されている。しかし、このような断片化は、秩序のすべての原則の終焉を意味するわけではない。つまり、国家の組織的な結束は、行政各部の自律性を制限する監督機構の存続によって保たれている。また、強力な統一主体が存在し、深く根付いている中央集権的な反応が持続することによって、分断化の傾向は相殺されている。たとえその構造は修正されても、国家は依然として社会体の統一を体現するものとして認識されているのである。

＊＊＊

かくして、フランス型国家モデルは、ここ数十年の間にその特殊性が失われ、その基盤を揺るがすような外的・内的要因の影響を受けながら、侵食されてきた。国家は、「何世紀もの歴史が据え置いていた台座から降ろされて」[27]、社会に対して有していた象徴的、実際的な優位性を失った。とはいえ、このように国家が不安定化したといっても、一定の限度までのことであった。すなわち、国家に対する強い社会的期待が存在することは、フランス社会が依然として「国家に寄りかかっている」[28]ことを示しており、伝統的な表象が持続していることを示しているのである。歴史から受け継いだフランスの国家モデルと、外国の国家モデルの影響による改革ダイナミズムとの妥協が最終的には達成されたのである。

この均衡は本質的に不安定なものであり、いくらでも変遷の可能性が開かれている。たとえば、新型コロナの世界的な大流行による衝撃は、伝統的な国家モデルを明白な形で復活させ、国家を予期せぬ方向へと導いた。

---

(27) Conseil d'État, *Où va l'État ?*, t. I, Paris, La Documentation française, 2015.〔原注〕
(28) Pierre Birnbaum, *Où va l'État ?*, Paris, Seuil, 2018.〔原注〕

第三章

国家モデルの再評価

新型コロナの蔓延は、すべての国を襲った世界的な出来事であったため、驚くほど類似した対策が各国で採用されることになった。こうした対策は、同じ状況に基づいており、ほとんど同じ措置を援用していたものの、その影響は、対策が導入された国家モデルによって同一ではなかった。フランスでは、深く根付いた「国家の文化」の重みに加え、それまでになされてきた改革の経過を考慮すると、新型コロナとの闘いは、国家に特殊な影響を与えることになった。すなわち、国家は、力強く復権を遂げ、これまで以上に社会体系の要として出現したのである。この復権は、主権の理念の興隆を経て、ここ数十年権勢を振るっていた新自由主義との決別という形で表れている。国家は、グローバリゼーションと欧州統合の十字砲火に巻き込まれ、社会を統治する能力を失ったかに見えたが、再び経済活動と社会作用の中心に据えられるようになったのである。まさにその結果、公共管理に対する見方、権力の均衡、社会との関係は根本的に変化した。

1　主権の再興

過去数十年間に起こった変化は、国家構造の中核であった主権の原則から、その内容の本質的な部分を空洞化させる要因となった。対外的にも対内的にも、複雑で多次元的な相互作用に見舞われた国家は、国家のみに属するものとみなされてきたこの全面的な権威と最高の権力を失ったかのように思われていた。しかし、主権に対する伝統的な見方は、新型コロナとの闘いの一環として再び盛んに論じられるようになってきている。この再興は驚くべきことではない。なぜなら、実際に、感染症と戦争は、主権的な主体として構想された諸国家の形成の中核になってきたからである。つまり、感染症や戦争は、国家機構が確立される機会となり、これらが起きている間に、警察的・行政的対応措置の目録が策定されて、こうした措置はその後他の目的に転用されることになる。新型コロナの大流行は、この伝統に立ち戻る機会となり、戦争レトリックに訴えること（「ウイルスとの戦争」という考え方）は主権の勢力範囲に移行することになるのである。その結果、国家は、国民を感染の危険から守るという使命を負った要塞国家としての姿と同時に、その国民に対して抵抗しがたい強制力を有する権力国家としての姿を見せることになるであろう。

要塞国家

国家が再び主権に由来する権限に着目するようになったことは、フランスにおいても、他の国々と同様、新型コロナとの闘いにおいて国境が重視されたことに表れた。すなわち、新型コロナとの闘いは、国家の枠組みの中で構想され、組織され、実行されたのである。これは歴史的にお決まりの傾向であるが、感染症は国外、特に東方からやってくると考えられてきたため、「流入」を防ぐための障壁が常に築かれてきた（非常線による衛生封鎖、防疫のための隔離など）。

新型コロナによって、世界的な保健秩序の限界が確認されることになった。つまり、最前線に立つべき世界保健機関（ＷＨＯ）が初期対応を怠ったことによって力を失い、その独立性が疑問視されるようになっている間に、新型コロナとの闘いは国家主導でなされるようになったのである。ウイルスの蔓延を抑えようとするため、移動を規制し、国境を閉鎖し、外国からの旅行者を隔離するといった一方的な措置が決定された。こうした措置は、ＥＵの柱のひとつである移動の自由の原則から逸脱するものではあったが、それでもＥＵには受け入れられた。それは、新型コロナとの闘いに関する政策は、加盟国の権限に属すると考えられたからである。実際、二〇二〇年一〇月に採択された「移動の自由に影響を与える措置を調整する」ための勧告は、拘束力を持たず、限られた適用範囲しか与えられていなかったので、新型コロナワクチンの一括発注など、その影響力は限定されたものにすぎなかった。

このように、地球規模の現象であるにもかかわらず、国家はその排他的な権限を明確にし、その国境の内側の範囲内で、あるいはその国境の外側から守る形で、この現象をせき止めようとしたのである。

権力国家

国家の主権は、新型コロナと闘うために採用された措置に表れている。つまり、個人及び集団の権利や自由の行使に一連の制限が課せられたのである。個人は、制裁が科されるおそれがある中、その移動、活動、社会生活を制限する厳しい制約に服従せざるを得なかった。たとえば、全面的または部分的な外出禁止措置の期間中の移動の自由の制限から、マスクの着用義務に至るまで、個人の行動についての厳格な管理が徹底された。それだけでなく、経済的・社会的活動については、感染状況の変化に応じて国が下す許可や制限の決定に左右されることになった。国家は、いまだかつてなく抗しがたい拘束力を持ち、自らの法を社会体に押し付けることができるようになった。

　このように、新型コロナとの闘いの名の下に、法治国家のシステムに本来あるべき自由権をないがしろにすることとは、「衛生緊急事態」(état d'urgence sanitaire：EUS)を導入すること(二〇二〇年三月二三日法[29])によって実現された。衛生緊急事態は、「その性質と重大性によって国民の健康を危険に陥れる」脅威が発生した場合に、通常の法的枠組みから逸脱する可能性を与えることとした。すなわち、この措置は、主権の行使を表すものであり、一般法を逸脱する法的権限を政権与党に与えるものである。国会の支持を得て採択されたこの措置は、裁判所による統制によって緩やかに制約されているだけである。すなわち、憲法院は、権利と自由の尊重は「健康を守るという憲法上の価値の目的」と両立させなければならないという見解に立ち、立法府が定義したバランスに疑問を呈することを避けた。また、国務院《コンセイユ・デタ》は、自由権緊急審理手続[30]による申立を受けたものの、少なくとも初期においては、ほとんどすべての措置の有効性を認めたのである。おそらく、この例外的な制度は公衆衛生法に暫定的なものとして導入され、その適用も時限的であるはずであったが、ほとんどの場合、行政府に与えられた権限は衛生緊急事態の終了や解除の段取りを整えるための規定の中で延長されていったのであった。

　市民の信頼と責任に頼ることを好んだ他国とは異なり、フランスではまずもって強制的措置が幅を利かせることになった。たとえば、外出禁止措置の期間中に導入された特例外出許可の制度は、警察の管理下に置かれ、規則を守らなかった場合は刑事罰の対象となったのである。これによって、権威と強制に基づく国家と市民の伝統的な関係モデルへ回帰したのであった。国家権力の絶対的な強さに直面しながらも、下された諸決定に対する監視の目が一切ないために、フランス社会の行動は、少なくとも初期においては、最も厳しいものであっても課された措置を甘んじて受け入れるものとなった。その後、特に予防接種キャンペーンに関しては反発が強まったものの、こうした反発によってもその成功が危ぶまれることはなかった。政権与党や下された決定の合法性に対する信頼は弱かったものの、これによって国家権力への服従が疑問視されることはなかったのである。このように、国家権力は、あからさまな形で再確認され、対人接触を追跡するアプリ（「StopCovid」）や個人の健康状態を監視するアプリ（「衛生パス」、そして「ワクチンパス」）といった国民のデジタル監視の手段までも有することとなった。

国家主権の再興は、保健衛生分野にとどまらない。貿易自由化の進展によって、経済分野においては国家主権は完全にその妥当性を失っていたと見られていたが、医療分野におけるサプライチェ

（29）Loi n° 2020-290 du 23 mars 2020 d'urgence pour faire face à l'épidémie de covid-19.〔訳注〕

（30）自由権緊急審理手続（référé-liberté）とは、行政の権限行使により基本的自由に対し重大かつ明白に違法な侵害が加えられたと認められるときに行政裁判官が四八時間以内に必要なあらゆる措置を命じることができるというものであり、行政訴訟法典 L521-2 条に規定されている。〔訳注〕

ーンの脆弱性と不安定性が露呈すると、「グローバル・バリュー・チェーン」の発達がもたらす帰結についてより広く認識されるようになった。すなわち、「独立して主権の下に儲ける」ことを視野に入れた生産チェーンの再編成と戦略部門の国内再移転が、いまや優先的な目標として提示されているのであり、戦略部門を外国資本による収奪の試みから守ることが不可欠であると判明した。同様に、デジタル技術に習熟することも、いまや国家の最重要課題とみなされている。このようにして、主権は再び、国家介入主義の参照枠組みや正当化原理となりつつある。

主権という考え方の復権は、新自由主義の勝利によって時代遅れになったかに見えた福祉国家の論理の再発見をもたらすことになった。

2　福祉国家の復活

新型コロナとの闘いは、かつて国家が社会生活に対して敷いていた保護体制への回帰をもたらした。つまり、国家は再び、経済作用の偉大な支配者として、また社会生活の偉大な指導者として登場したのである。しかし、この復活は驚くべきことではない。なぜなら、福祉国家は、二〇世紀を通じて、社会の正常な機能に変調をもたらした危機（第一次世界大戦、世界大恐慌、第二次世界大戦）を契機として発展してきたからである。かくして、通常の規制措置が機能しなくなり、社会体の存続を確保するために国家の介入が必要となった。福祉国家はこのような危機の局面の上に築かれたものであり、これらの局面は、その都度永続的な足跡と堆積物を残した。衛生危機は、危機の時代において国家に与えられた中心的役割を再発見させることになり、新自由主義信仰に逆行して、新たな国家介入主義をもたらした。国家が健康を守ることを優先した結果、経済は国家の保護下に置かれることになったのである。

健康を守るという至上命令

経済的なものであれ社会的なものであれ、他のあらゆる考慮要素よりも健康を優先することになると、私たちは、福祉国家がその正当性の拠りどころとしてきた社会保障制度の創設の理念に立ち戻ることになる[31]。決然と示されたその目的は、「いかなる対価を払っても」(quoi qu'il en coûte)[32]、たとえ経済の営みを阻害することになろうとも、人と人との交わりの形態を破壊することになろうとも、生命を救うことである。つまり、生命は至上の価値であり、国家はいかなる犠牲を払ってもそれを保証しなければならないのである。ここに、ミシェル・フーコーが提起した「生政治」の核心

(31) エマニュエル・マクロン仏大統領は「私たち国民にとっての最優先事項は私たちの健康となるでしょう」と発言(二〇二〇年三月一二日)。〔原注〕

(32) 「いかなる対価を払っても」(quoi qu'il en coûte) という表現は、マクロン仏大統領が二〇二〇年三月一二日の演説の中で三度繰り返したものであり、その後、コロナ禍の企業向けの経済支援策などを含むマクロン政権による新型コロナ対策の代名詞として使われるようになった。〔訳注〕

がある。[33]「生政治《ビオポリティック》」とは、一八世紀末に登場した「安全」の考え方に支配された新しい「権力の一般的エコノミー」であり、環境に関連するリスクを最小限に抑えるように設計された保護、点検、規制の措置によって「人口」を管理することを目的としている。フーコーによれば、このような生政治は、身体の統制に依拠する「規律的」措置と相容れないものでは決してなく、過去から受け継がれたこれらの措置（外出禁止措置、防疫のための隔離、夜間外出禁止令）は、新型コロナとの闘いの中で再び注目されることになった。物的・人的資源の動員、病院に対する制約の撤廃、感染症との闘いの最前線に立つ医療従事者の待遇改善は、健康の問題が優先されたことを具体的に示すものであった。

国家指導経済体制の復活

感染症との闘いが優先された結果、国家指導経済体制《ディリジスム》がもたらされることになり、一方では、経済活動を制限または制約する急進的な措置がとられ、他方では、国家経済を維持するための代償的な支援措置がとられた。このように、衛生危機は国家介入主義に頼る形となって現れ、正統派の新自由主義と完全に決別することになった。おそらく二〇〇八年のリーマン・ショックがすでに前兆となっていたのであろう。金融システムを立ち直らせ、経済崩壊のリスクに備えるために、実際、国家は大規模な介入を余儀なくされたものの、この介入は一時的なものとみなされ、経済状況の回復によって国家はかつての地位を取り戻すことになった。二〇二〇年の新型コロナ危機は、経済の営みを突然停止させるという形となって現れた点において、格段に深刻な影響力を有するものであった。「戦時経済」への回帰として表現される状況の中で、国家は再び経済の舵取り役を担うことになったのである。

二〇二〇年三月初めから衛生上の取締りとしてとられてきた諸措置は、経済活動に対する厳しい制限をもたらした。その後、衛生緊急事態に関する二〇二〇年三月二三日法は、感染症の拡大と外出禁止措置による経済的、財政的、社会的影響に対処するために、政府にオルドナンスによって立法する権限を与え、これによって一連の対応策がとられた。その結果、経済活動の実施は、国家によって一方的に決められた許可または制限に服して中断することになった。もっとも、外出禁止措置の終了と衛生緊急事態の解除は、ただちに経済主体に対する制限の終了を意味するものではなく、こうした制限の終了は感染状況の進展に応じてのみ行われるのであった。

連鎖倒産や大量失業のリスクを回避することによって経済構造を維持するため(34)、国は部分的失業制度に加え、企業に対する一時的な支援措置を講じた。この一時的な支援措置とは、企業の中でも

(33) Michel Foucault, *Sécurité, territoire, population. Cours au Collège de France 1977-1978*, Paris, EHESS-Gallimard-Seuil, 2004.（ミシェル・フーコー『安全・領土・人口――コレージュ・ド・フランス講義（一九七七 - 一九七八年度）』高桑和巳訳、筑摩書房、二〇〇七年）〔原注〕

(34) エマニュエル・マクロン仏大統領は「その規模の大小にかかわらず、いかなる企業も倒産のリスクにさらされることはありません」と発言（二〇二〇年三月一六日）。〔原注〕

最も零細な企業のために連帯基金を設立し、企業が必要な銀行融資を受けられるように国が保証を提供するものであった。この経済に対する支援計画の金額は、その後の累次の補正予算により大幅に増額され、部門別支援計画（観光、自動車、航空機、科学技術）の採択によって補完されることになった。二〇二〇年九月にこれを引き継いだ経済振興計画は、国家を経済作用の中心に据え、経済再稼働の原動力とするものであった。

　これらの対策は、いずれも、二つの世界大戦中に確立された「戦時経済」の手段をとりわけ思い起こさせる。実際、著しく異なる状況下ではあるが、国家によって実施された措置のいくつかは過去にもあったものであり、これらの措置は、生産装置の継続性を確保するとともに、それを機能させるために不可欠な人的資本を動員することを目的として、伝統的な法的枠組みから逸脱する形で実施された。しかし、この表現は誤解を招くものである。なぜなら、今回の場合、配給制も価格統制もなく、国家は生産を組織したり、経済を計画したりすることまではしなかった。国家による統制は市場の論理に取って代わったが、戦時中に導入されたものとは異なる新たな形態によって行われたのである。

　福祉国家という形態は、経済発展と集団の幸福を保証するものであったが、こうして新型コロナの世界的な大流行との闘いに乗じて新たに現代的な意味を見出すことになった。しかし、衛生危機の状況においては、福祉国家の形態に独特な、もっと言えば異常な特徴をもたらした。すなわち、国家の機能は極限まで拡大され、社会生活に圧倒的な影響力を及ぼすようになったのである。それゆえ、福祉国家の復活は、純粋にこの特別な状況に即したものとして見られるようになった。

衛生危機は、国家機構の組織と機能に関する原理を改めて試練にさらすことになるのである。

3　国家機構の適応

新型コロナの大流行に直面した国家は、適応のプロセスを経ることになった。つまり、国家は、衛生危機に対処できるようにするため、その行動の指針となり、その組織を指揮してきた原理を転換させたのである。その際、よく知られている事実に立ち戻ることになる。それは、危機は常に国家を変革する強力な推進力であったということである。これらの危機は、物事の通常の流れを断ち切り、規範に裂け目を作ることによってイノベーションを引き起こし、こうしたイノベーションは、多かれ少なかれ、根源的かつ永続的な足跡を残すことになる。衛生危機によって、公共管理の手法が再評価されるようになり、新たな制度的均衡がもたらされたのである。

公共管理の再評価

衛生危機は、ニュー・パブリック・マネジメントの考え方に固有な成果主義の論理を機械的に公共サービスに適用することの弊害を浮き彫りにした。その最たる例は、新型コロナの感染拡大との闘いにおいて中心的な役割を与えられた病院である。

実際、特に第一波においては、入院部門や集中治療部門が逼迫したため、病院は窒息寸前であった。医療従事者の献身的な努力や抜本的な緊急措置（病床の転換、手術の延期、患者の転院など）の代償がなければ、病院は持ちこたえることができなかったのである。ところで、長年にわたり、公立病院の状況は、民間から導入した経営管理手法を適用した結果であるとして非難されてきた。すなわち、これらの手法は、赤字の削減とサービスの効率化を目的としており、財政システムの改革（二〇〇三年、実績に応じた診療報酬体系の導入）、診療慣行の改革、勤務シフトの改革、企業に着想を得るとともに「地域圏保健局」（agence régionale de santé）の厳しい管理下に置く病院内の権限構造の改革（二〇〇九年）として現れたのである。こうして、一連の相次ぐ改革は、病院、そしてより広くは医療機関の運営の原理を根本的に変容させ、職員が信奉してきた職業倫理を傷つけた[35]。これらの改革によって、病院は、ニュー・パブリック・マネジメントの台頭と不可分である新たな「成果主義の文化」に屈するしかなかった。すなわち、コスト削減という目的は、たとえサービスの質が損なわれることになったとしても、医療従事者の数を削減し、いくつかの医療施設を閉鎖し、地域の医療拠点を再編することを正当化してきたのである。

　病院は、これまで課されていた制約が解除されたからこそ、新型コロナの感染拡大による悪影響に対処することができたのである。かくして、セギュール医療関係者会議[36]においては、新たな基盤の上に「医療システムを再構築すること」が合意された。つまり、衛生危機は、二〇〇〇年代以降フランスを席巻してきたニュー・パブリック・マネジメントの流行がもたらしたある種の幻想の終焉を告げた。公共管理の特殊性を相対化し、公共管理も民間部門の経営手法から学ぶように促すモデルの妥当性がいまや問われるようになったのである。[37] このモデルの熱心な伝道者であった当の国際機関もついにこのモデルから距離を置くようになった。

病院はその典型的な事例であったが、衛生危機は、公共サービスにニュー・パブリック・マネジメントの考え方を適用することに疑問を抱かせただけではなかった。この危機は、改革の進展にもかかわらず、従来型の行政モデルにありがちな硬直性が根強く残っていることを示し、これによって、行政の機能不全が明るみに出たのである。

新型コロナに対する国の対応は、一連の不備と怠慢によって特徴づけられ、これらは国会の調査委員会によって浮き彫りにされたものであるが、すべて「組織的危機[38]」の特徴を示している。

(35) « L'administration hospitalière : réformes permanentes et crises sans fin », *Revue française d'administration publique*, n°174, 2020.〔原注〕

(36) 二〇二〇年五月二五日から同年七月一〇日まで開催された医療関係者の代表を集めた対話集会を指し、フランス保健省の所在地であるセギュール通り（パリ七区）の名前をとって「セギュール医療関係者会議」(Ségur de la santé) と呼ばれた。この会議の結果、主に医療従事者の処遇改善などが合意された。〔訳注〕

(37) Nicolas Matyjasik et Marcel Guénoun (dir.), *En finir avec le New Public Management*, Paris, IGPDE, 2019.〔原注〕

(38) Henri Bergeron, Olivier Borraz, Patrick Castel et François Dedieu, *Covid-19 : une crise organisationnelle*, Paris, Presses de Sciences Po, 2020.〔原注〕

戦略的思考の欠如：感染症の脅威は長い間存在していたにもかかわらず、それに対処するための緊急計画が策定されていなかった。

対策に必要な資源の不足：マスクの不足は、「ストック」管理よりも「フロー」管理を優先した近視眼的な政策の結果であり、蘇生器具や検査器具に関しても見られたのと同様、資材不足の典型例であった。

迅速な対応の欠如：一月の時点で感染症の危険性が警告されていたにもかかわらず、最初の対策が講じられたのは二月末だった。

意思決定の中央集権：決定は国家の中枢において、協議のプロセスなしに下され、地域の特殊性を考慮することなく、全国一律に適用された。

行政の縦割り：本来必要であった調整がなされなかった。

手続の煩雑さ：規制上の制約の多さがその好例である。

専門知識の外部化：民間コンサルタント会社へのアウトソーシングの結果である。

これらすべての問題点は、感染拡大が進む中でも、極めて部分的にしか改善されなかった。国務院《コンセイユ・デタ》は、「予見不足」、「検討が不十分な諸計画」、「危機の舵取りのための全般的な組織能力の欠如」を指摘し、危機的状況に対処するためには「国家を再武装する」必要があると評価した[39]。

したがって、衛生危機は、公共管理のあり方を再設計する機会となった。すなわち、この危機は、公共政策における成果という概念を見直すと同時に、過去から受け継がれてきた行政の硬直性を浮き彫りにしたのであった。

機構上の変化——権限、緊急性、科学

衛生危機は、国家内部の力の均衡に修正をもたらした。

これまでの戦時下の状況と同様に、衛生危機はまずは行政府に権限を集中させることになった。行政府には二〇二三年三月二三日法によって「衛生緊急事態」の名の下に法外な権限が与えられ、政府はオルドナンスによって経済的な緊急措置をとることを認められたが、国会にはとられた措置について「遅滞なく通知」されるだけであった。そして、こうした行政府の法外な権限の大半は、衛生緊急事態の終了に向けた移行期間にも維持された。国会は、時には長時間にわたって討議することもあったが、順次制定された法律の内容にはごくわずかな影響力しか持たず、それらは通常より迅速な手続で採択され、主要でない部分が修正されたにすぎなかった。また、オルドナンスは追認手続のために国会に提出されることはなかった(40)。つまり、国会は大部分において行政府によって

(39) Conseil d'État, « Les états d'urgence : la démocratie sous contraintes », *Études et documents*, n° 72, 2021.〔原注〕

(40) オルドナンスは公布の日より発効し、授権期間を定めて制定されるものであるため、この期間が満了する前に政府が追認の法律案を国会に提出しない限り、期間満了により失効する。もっとも、追認の法律案は特に可決されることが要件になっていないため、政府は失効しても構わない場合には追認の法律案を提出しない。〔訳注〕

下された決定を支持させられたのであった。他方で、国会による監視は、国民議会と元老院に設置された調査委員会を通じて主に遡及的に行われた。「衛生民主主義」の一環として、意思決定に市民社会を参画させるという考え方に関しては、緊急性の名の下に却下された。

衛生危機は、政治システムの超大統領制化（hyperprésidentialisation）の動きを際立たせた。行政府の中にあって、共和国大統領は、全面的な権威を自由に行使しようと意図していたのである。すなわち、大統領はすぐさまウイルスとの戦争の最高指揮官として振る舞い（二〇二〇年三月一二日）、本質的な選択については自らが責任を負うと主張したのであった。実行された政策は、大統領が議長を務める「国防・国家安全保障会議」（ＣＤＳＮ）によって決定されたが、この会議は、厳格な守秘義務に縛られたごく少数の参加者（数人の閣僚、上級公務員、専門家）を毎週集めて開催され、事実上、単なる記録室とならざるを得ない閣議に取って代わったのである。

政策方針の実際の運用は、衛生緊急事態の名の下に警察権限を持つ首相に課され、地方レベルでは県知事が仲介役となった。また、医療システムの組織と運営に関する措置の採択については、保健大臣が保健局長とともに責任を負い、保健局長は情報提供の中心的な存在としての役割を担った。国レベルで決定された措置について「一般的または個別的に適用するための措置」を講じる責任を負っていた県知事には、地域の多様な実情に適応させるという観点から、地域圏保健局長の助言に基づき、県レベルで講じる措置を自ら決定する権限が依然として与えられていた。他方、市町村長が一般的な警察権に基づき講じようとしていた警察命令は、衛生緊急事態の間、凍結された。衛生危機は、国による上意下達の方式で対処されたが、その代償として地方議会議員との間に緊張が生じ、それは時間が経過しても部分的にしか解消されなかった。

衛生危機への対処は、とりわけ科学的専門知識が重要な役割を担ったことによって特徴づけられた。深刻な感染拡大状況を受けて「科学諮問委員会」が設置され、この諮問委員会は、関係するさまざまな分野の専門家で構成され、「衛生状況への対応に関する国の決定についてわかりやすく情報提供する」ことを任務としていた。すなわち、この諮問委員会が設置された状況、その構成員に与えられた職務権限、そしてその勧告意見をめぐる広報は、困難な選択を余儀なくされたときに科学的な裏付けを与えたいという政権与党の意図を示すものであったのである。したがって、ウイルスとの闘いは、事実上「科学者の命令の下に」決定が下される「専門家による政府」の出現によって特徴づけられたという説も主張することができるのである。にもかかわらず、政権与党は新型コロナの世界的大流行との闘いにおける多くの場面において、科学諮問委員会のいくつかの勧告から距離を置くことをためらわなかった。こうした場面においては、衛生上のデータだけではない他のパラメーター、とりわけ、とられた措置の経済的・社会的な影響や国民がどの程度これを受け入れることができるかが考慮された。

＊　＊　＊

このように、新型コロナという試練によって国家は変貌を遂げた。国家は、新型コロナの世界的な大流行との闘いの尖兵となり、それをもって王権由来の特権を発動することで、経済作用の偉大な支配者として、また社会生活の偉大な指導者として登場したのである。ここで問題となるのは、伝統的な国家モデルを構成する要素のいくつかを再興させたことが、感染症が終息することをもって閉じられる単なる括弧書きの小話に終わるのか、それとも国家の生成変化《ドゥヴニール》を新たな方向へと導く永続的な足跡を残すのかということである。

第四章

国家モデルの再設計

フランスという国家の姿は、単に過去を反映しているだけではなく新たな特徴も示している。だが、衛生危機を脱し、(41) 新たな大統領任期を迎えるにあたって形作られつつあるその姿は、多くの不確実性を孕んでいる。これらの不確実性は、何よりもまず外的な制約から生じている。新型コロナはいまだ根絶されておらず、ウイルスが慢性的に残存する危険性もある中で、二〇二二年二月にロシアによってウクライナで引き起こされた戦争は、欧州の恒久的な平和というそれまでしっかり定着していた理念を遠ざけ、欧州の秩序を揺るがした。同時に、国際関係の緊張が次第に高まっており、新たな「冷戦」につながるおそれがある。気候問題については、地球の未来に深刻な脅威をもたらし、ますます憂慮されるようになっている。このような背景から、新型コロナの時代に現れた国家の復権の動きは、今後も確実なものとなっていきそうである。とはいえ、フランス社会を走る強い緊張と先般の大統領選挙で表面化した深い政治的亀裂は、国家の構造に衝撃を与えるに違いない。フランスという国家の生成変化《ドゥヴニール》は、国家が現在直面しているさまざまな難題がどのように解決され、克服されるかにかかっているのである。

(41) エマニュエル・マクロン仏大統領は「当たり前であった多くのことが一掃され、改めて問い直されるようになるでしょう。後日、私たちが（新型コロナに）打ち克ったとしても、それはこれまでの日常に戻るわけではないのです」と発言（二〇二〇年三月一六日）。〔原注〕

1　主権に関する難題

衛生危機によって再燃した主権というテーマは、いまや政治的言説や公共政策において特別な地位を占めている。グローバリゼーションの台頭に伴って沸き起こった「主権なき世界」のイメージは、おそらくは幻想であった。しかし、各国の経済がますます複雑に絡み合い、国家間の相互依存が強まっていることは、グローバルな秩序が徐々に構築され、これによって主権の原理がその内容の一部において空洞化していることを物語っているようにも思われる。この秩序の基礎は築かれたものの、依然として脆弱であり、近年は大きな動揺にさらされている。すなわち、経済的保護主義が台頭し、多国間主義による制約が否定された結果として、不安定化の動きが生じており、主に中国によって擁護されている国家主権に基づく国際秩序という代替的なビジョンが再び現代的な意味を帯びるようになったのである。

フランスにおいても他の国々と同様に主権の原理が新たに重視されるようになったが、これには多くの意味合いがある。すなわち、いまや広く受け入れられている「主権主義」(souverainisme) は、超国家主義を完全に否定する一方で、貿易のグローバル化によって制約を受けることを否定したり、より広範なまとまりに組み込まれることの恩恵を放棄したりするには至っていないのである。したがって、主権を拠りどころとするにしてもさまざまなバリエーションがあり、変化していく可能性も考えられる。こうした難題は、グローバリゼーションと欧州統合にも同様に当てはまる。

主権とグローバリゼーション

相次ぐ深刻な危機（新型コロナ、ウクライナ戦争）と国際関係に現れた新たな二極化は、間違いなくグローバリゼーションの進展に歯止めをかけている。もっとも、経済と社会の相互依存はあまりに進んでおり、「脱グローバリゼーション」の現実的な可能性を完全に排除している。実際、国家を超えた課題に対処し、自国を脅かす困難に立ち向かうために、国家は相互依存関係を構築し、さらには協力関係を結ぶことを余儀なくされているのである。たとえば、国家によって設立された国際機関は、どのような激動を経験しようとも強固な枠組みを成している。また、多国間協定は、テロリズム、気候変動、タックスヘイブン、最近では租税回避手法といった非常に広範な分野をカバーするようになっており、このことはグローバルな秩序が存在することを示している。たしかに、主権という原理は、国家がその同意なしに縛られることはないということを前提としているので、国家のかかわり合いの程度は変化する余地がある。実際、米国は、ドナルド・トランプ大統領の政権下において、この原理の名の下に、一連の国際機関や協定から脱退した[42]。とはいえ、国家が直面するグローバルな課題と国境を越えた生活様式による制約のため、協定化されたものであるかどうかを問わず、これまで張り巡らされてきた国際約束の網から離脱できる可能性は低くなっている。

国家主権を改めて確認することは、グローバリゼーションと決別することではなく、その行き過ぎを正すことを目的としているのである。

経済主権というテーマは、衛生危機によって新たに現代的な意味を持つようになり、この主権とグローバリゼーションという両面性をはっきりと示している。企業の国内再移転や外資規制によって経済的自立を強化することが強調されているが[43]、これはグローバリゼーションに直面しての守りの姿勢に分類される。すなわち、経済の均衡を左右する重要な変数に対して国家が及ぼそうとする支配を再確認するものである。新型コロナの大流行の中で国家が経済を掌握したことによって、グローバリゼーションの暴走に対する砦として、また経済領域においても主権の特権を保持する存在として、「要塞国家」という表現に強力な根拠を与えた。「経済的愛国主義」[44]を「内向き」に捉えるこの防衛的な見方は、より積極的なビジョンとは対照的である。すなわち、この後者のビジョンは、グローバルな競争における自国経済の地位を向上させるために、その発展を促進するための戦略をとることを必要としているのである。ここで目指しているのは、もはや外国との競争から守ることではなく、「国外の市場を獲得することを視野に入れて（中略）イノベーション、競争力、魅力度向上の気風」[45]を育むことにあり、この際、国家は自国経済を促進するために自由に使えるその裁量と資源を活用することになる。このように、「フランス二〇三〇」という投資計画（二〇二一年一〇月）では、イノベーションにはっきり焦点を当てることによって、フランスの産業主権を強化することを目指しているのである。いずれにせよ、この戦略は国家の上に張り出すように整備された国際経済に関する規制措置によってその限界に直面することになる。すなわち、国家が自国企業を下支えするために提供する援助は、世界貿易機関（WTO）においては、貿易の正常な作用を歪めるものとして問題にされる可能性がある。また、EUがその基盤としている自由競争の原則は、加盟国の主導によって導入される可能性のある自国企業を優遇するためのいかなる種類の束縛や歪みとも闘うことを前提としている。

グローバリゼーションは、その浮き沈みを経ながらも、おそらく回復して粘り強く進行するであろう。だからと言って、これが国家から経済の舵取りを担うあらゆる能力を奪うというわけではない。衛生危機の終焉によって、おそらく大部分において国家指導経済体制《ディリジスム》は放棄された。しかし、

(42)「私たちは決して、選挙で選ばれておらず責任を負うことのない世界的な官僚主義に対して、米国の主権を譲り渡すことはありません」（二〇一八年九月二五日、国連総会におけるドナルド・トランプ米前大統領の演説）。ジョー・バイデン米大統領は、この政策を反転させ、多国間主義を擁護している（二〇二一年九月二一日、国連総会における演説）。〔原注〕

(43)二〇二一年一〇月の「フランス二〇三〇」計画は、「私たちはこの危機の間に依存してきたことの帰結を体験してきたので、特定の必要不可欠な製品、特定のサービス、特定の技術（中略）については、外国への依存をより低くすること」を目指している（二〇二一年七月一二日、エマニュエル・マクロン仏大統領の発言）。〔原注〕

(44)「経済的愛国主義」についての補章を参照されたい。〔訳注〕

(45) Éric Delbecque, *Quel patriotisme économique ?*, Paris, PUF, 2008.〔原注〕

この危機は、経済の営みが円滑に作用することを担保するためには、国家の介入がこれまで以上に必要であることを示した。新自由主義の台頭に続いて現れた戦略家国家の姿は、いまや新たな色彩を帯びるようになった。すなわち、国家は、首尾一貫した成長戦略を構想して実施することを求められており、その成長戦略とは、フランス・ストラテジーのような未来志向の検討を行う手段によって支えられ、一連の優先課題を特定した上で、将来の変化を予測することを可能とするものである。特に、生産と消費のあり方を根本的に変えることになるエコロジーへの移行を促進し、企画するのはこの戦略の役目である。(46) 二〇二〇年四月一三日にマクロン仏大統領が述べたように、「長期的視点、計画化の可能性、脱炭素、予防、回復力。ただこれらだけが将来の危機に対処することを可能とするものであり、私たちはこれらを取り戻すことができる戦略を構築しなければならない」のである。この観点から、二〇二〇年九月の経済振興計画は、三つの主要な軸（エコロジーへの移行、企業競争力、社会・地域の一体性）を中心に組み立てられており、衛生危機の影響に対応するだけでなく、「二〇三〇年のフランスを準備する」ことも目指している。二〇二二年七月に、エコロジーの課題に対応するための計画化という考え方が再び盛んに論じられるようになり（首相付のエコロジー計画化担当事務局長の職が設置された）、主権というテーマに重点が置かれ（経済・財務大臣は「産業・デジタル主権」、農業大臣は「食料主権」を担当するようになった）、さらに、フランス電力（ＥＤＦ）が再国有化されたことは、国家の役割の変化を反映している。しかしながら、このように戦略家国家を能動的かつ積極的なものとして捉えたとしても、新自由主義の論理と決別しているというわけではない。たとえば、経済振興計画は、資源配分における市場の優位性や民間アクターの役割に疑問を呈してはいない。また、国家が展開する戦略は、貿易のグローバル化に起因する制約を考慮に入れなければならないのである。

他方において、国家主権はまた欧州統合の課題にも直面している。

主権と欧州統合

国家主権は、欧州統合の力学と常に緊張関係に立たされている。欧州統合の力学は、超国家型の機関の創設という形で表れ、その決定は加盟国を拘束している。また、ＥＵの諸機関の権限が絶えず拡大されることによって、国家は主権の特権の一部を奪われ、ますます厳しく拘束される傾向にある。一九九二年二月七日のマーストリヒト条約によって成文化された経済通貨同盟の創設は、この点で重要な転換点となった。すなわち、経済通貨同盟の創設は、ユーロ圏に加わる国から「貨幣を鋳造する」特権を奪い、これらの国の予算に関する自由を制限するに至ったのである。また、新たな「柱」である共通外交・安全保障政策（ＣＦＳＰ）と司法・内務分野は、本質的に王権に由来する性格を有するものであるが、リスボン条約によってＥＵの共通法に組み込まれた。このようなＥＵの統合深化の動きは、マーストリヒト条約批准時の議論に見られたように、フランスにおいて

(46) Antoine Foucher, *Le Monde de l'après-Covid. La fin de l'ère néo-libérale*, Paris, Gallimard, 2022.〔原注〕

懐疑的な反応を呼び起こした。このときは、国家主権の名の下に欧州統合の進展を非難する「主権主義的ドクトリン」が登場したのであった。そして、二〇〇四年には「欧州のための憲法」を制定する条約案が否決されたことで、EUのあり方に関する議論がまだ収束していないことが明らかになった。

国家主権と欧州統合のバランスが本質的に流動的であることは、最近の動きが示している。欧州レベルでは新たな前進の動きが見られた。たとえば、衛生危機に対処するために二〇二〇年末に採択された復興計画「次世代のEU」では、EUとしての債券の新規発行を財源とする共通債務を想定するとともに、ウクライナへの侵攻に直面したEUは、相次いで制裁計画を採択することで驚くべき結束力を示した。これに関連し、二〇一七年九月にフランス大統領が提唱した米国との関係における「戦略的自律性」の必要性については、それほど多くの懐疑的な反応を喚起することもなく、共通の安全保障・防衛政策の構築についても、ウクライナの状況に乗じて議題に上ることになった。このように、フランスや欧州の首脳が提唱する「欧州主権」という考え方は[47]、前進しているように見えるものの、現状のままでは、依然として不完全であり、一部が欠けた状態である。なぜなら、欧州主権という考え方は、真正な国家の特質のすべてをEUに委譲することによって、国民国家を超越し、EUを連邦国家に改造することを含意し得るものだからである。その一方で、ヨーロッパ法の優位性がいくつもの国で疑問視されている。たとえば、二〇二一年一〇月七日、ポーランド憲法裁判所はヨーロッパ法に対してポーランド憲法が優先するとの判断を行うに至った。二〇二二年上期のＥＵ理事会議長国フランスは、ＥＵの強化という目標を掲げていたものの、フランス大統領選挙戦においては、主権主義的な主張が目立ち、法律家の支持を受けた何人もの候補者がヨーロッパ法の優位性に疑問を呈していた。そして、この議論は、フランスの「憲法的アイデンティティ」への言及という形で、法廷にも影響を及ぼした(48)。国家の主権は、ＥＵの統合深化の動きに合わせて常に再定義されることになるのである。

このように、フランス型国家モデルの生成変化《ドゥヴニール》は、外的制約の影響の下で、主権の原理がどのように変容するかにかかっている。安全の問題の再定義についても、似たような難題が生じることになる。

2　安全に関する難題

安全は、国家制度の根幹そのものである。つまり、国家制度の元来の機能は、集団的秩序を課す

(47)　この考え方は、二〇一七年九月二六日にエマニュエル・マクロン仏大統領によって提示された欧州の再構築に関する計画の核心をなすものであった。〔原注〕

(48)　フランス憲法院（二〇〇四年及び二〇〇六年）、これに続く国務院《コンセイユ・デタ》（二〇二一年一〇月）の判断においては、「ＥＵ指令の国内法への編入は、フランスの憲法的アイデンティティに固有の規範や原理に反する形で行うことはできない」とされた。〔原注〕

ことによって社会体の存立を維持するとともに、あらゆる種類の脅威から人と財産を確実に保護することにある。この要請は、あらゆる強制手段を国家の手に集中させることを正当化する。一見したところ、法治国家は、近代国家の建設の基礎となっている安全原理からさらに派生したもののように見える。しかし、この見方は単純すぎるであろう。つまり、法治国家は、その目的が法を通じて国家権力の範囲を限定し、これを制限することである以上、たしかに安全原理の特殊な一面を表している。しかし、国家にとって、安全はもはや行動原理ではなく、その使命を果たす上での制約なのである。したがって、この二つの側面の間には潜在的な緊張関係が存在し、自由主義的政治思想の中核にある自由と安全の間のよく知られた弁証法に立ち戻ることになる。すなわち、安全は、法的側面だけに還元することはできず、法治国家の諸原理と矛盾し得る、それどころかそれらを覆しかねない独自の要件を備えているのである。それゆえ、法治国家と安全のバランスは不安定であり、政治的文脈によって変化し得る。

まるでこのバランスが再定義されつつあり、持続的な変化がもたらされることになるかのように物事が進んでいる。安全を至上命令として優先させることは、これが拡張的に理解され、新たな措置の整備を経ることによって、法治国家に対する見方を変化させる傾向にある。

安全という理由付け

「リスク社会」(49)と言われるように、現代社会では安全が脅かされているとされる。一方では、グローバリゼーションによって国境を越えた往来が盛んになり、あらゆる種類のリスクが蔓延するようになった。たとえば、新型コロナウイルス感染症を含む衛生上のリスクはその象徴的な例であるが、いまやどこにでも潜んでいるテロの脅威、原子力事故や産業事故による生態系被害、貿易のグローバル化に伴う経済危機などもそうである。他方では、新しい形態の犯罪（サイバー犯罪、組織犯罪など）が出現するとともに、社会のつながりが薄弱になったことを反映して人や財産への攻撃が増加していることによって、集団的な不安感が醸成されており、メディアを通じてこれが増幅されている。このような安全が脅かされている状況は、国家に対して保護を求める執拗な要求を生み、国家は安全の分野によりいっそう注力することでこうした要求に対応せざるを得なくなっている。

いまや安全とは「総合的な安全」（sécurité globale）として理解されている。二〇〇〇年代に登場したこの概念は、単なる治安の維持という意味合いを超え、個人がさらされるあらゆる種類のリスクや脅威（健康、食品、環境など）にまで及ぶ。そして、これらのリスクや脅威に対抗するためには、あらゆる手段（知識と予測、保護、予防、抑止、介入）を活用し、組み合わせることが必要になってくる。このような統合的なアプローチの下では、国内治安と対外安全保障、治安維持と防衛の間の伝統的な区別が曖昧になる傾向にある（二〇一一年三月一四日法）。この点、政権与党が掲げる

(49) Ulrich Beck, *La Société du risque. Sur la voie d'une autre modernité*, Paris, Aubier, 2001.（ウルリヒ・ベック『危険社会――新しい近代への道』東廉、伊藤美登里訳、法政大学出版局、一九九八年）〔原注〕

テロやウイルスとの「戦争」というテーマは、こうした視点をさらにわかりづらくしている。また、国家に課せられた責任の増大に対応するため、国家は他のアクターに協力を要請せざるを得なくなっている。たとえば、国境を越えた犯罪との闘いは、国際的な協力体制を通じてなされることになる一方で、窃盗等の軽犯罪に対処したり、身辺の安全を確保したりするために、民間警備の市場が形成されてきた。さらに、安全に関する施策の実施にあたっては、地域のアクター、さらには市民主導の取組に対してより大きな位置づけが与えられるようになっている。こうして「安全の共同実現」という考え方が定着し、これによって「安全の連続体」(「自由を守りながら総合的な安全を実現するために」と題された二〇二一年五月二五日法)の下にあらゆるアクターが組み込まれるに至っている。

このように国家に与えられる責任が拡大すると、国家の構造にも影響を及ぼさざるを得ない。安全を至上命令とすることは、権力の均衡に変動をもたらしている。すなわち、衛生危機の際にも見られたことであるが、安全を至上命令とすることによって、唯一脅威の重大さを評価することができ、これに対処するための首尾一貫した戦略を構想することができる政府の重要性は、いっそう増すようになった。その一方で、これに応じて逆に国会は弱体化するようになるのである。また、さまざまな逸脱行為や過剰な実力行使を助長する危険性を孕みつつも、治安を担当する部署の裁量の余地を拡げることにも寄与している。それゆえ、こうした変動が法治国家のシステムと両立し得るのかどうかが問題になるのである。

法治国家の変容

いまや安全を至上命令として優先させることによって、法治国家のシステムに二つの種類の例外が生じている。その一つは、深刻な危機的状況を克服するために、いくつかの法原則を一時的に適用しないことである。もう一つは、恒常的な危機に対処するために、長期にわたって例外措置を適用することである。例外法制のこれら二つのバリエーションは、それぞれ異なる文脈に対応するものではあるが、現代社会においては安全を脅かす形態も変化していることを踏まえ、両者は組み合わされる傾向にある。

緊急事態措置というものはかなり以前から存在しているものの、安全が重視されるようになった今、新たな重要性を持つようになった。実際、緊急事態措置は、国家が利用できる一連の行動手段の中に位置づけられ、人や財産の安全が深刻に脅かされているように思われるやいなや、政権与党が躊躇なく訴える手段の一つとなっている。そして、危機が繰り返されるにつれ、緊急事態措置も当たり前のもの、それどころか恒久的なものとさえなる傾向にあり、「政府の新しいパラダイム」[50]となっている。たとえば、テロとの闘いの例がこれを示している。複数のテロ攻撃を受けて二〇一五年末に布告された非常事態宣言は、その内容に含まれていた例外措置が大部分において一般法に

(50) Stéphanie Hennette-Vauchez, *La Démocratie en état d'urgence. Quand l'exception devient permanente*, Paris, Seuil, 2022.〔原注〕

組み込まれる（二〇一七年一〇月三〇日のSILT法（国内治安・テロ対策法））まで、何度も延長された[51]。また、新型コロナウイルスとの闘いに関しても、同様のプロセスが形成されつつある。すなわち、二〇二〇年三月に創設された新たな緊急事態措置は、保健法制に恒久的に組み込まれることが前提とされていただけでなく、衛生緊急事態終了に向けた経過措置においても、これまでの措置のほとんどを引き継いでいるのである。緊急事態という手段に訴えることは、一見すると、法治国家の要件に合致している。なぜなら、法律にはその適用条件がたしかに規定されており、その施行にあたっては一連の保障が用意されているからである。つまり、緊急事態措置が法規範に則っている以上、これらの措置は「法治国家にとって異質なものではなく、むしろ反対に、法治国家を維持するのに役立つもの[52]」なのである。とはいえ、緊急事態措置は、たとえ形式的には法治国家と両立するものであっても、本質的に法治国家に由来する権利と自由に対して、制限を伴うものである。すなわち、法治国家の本質的な要素は、少なくとも一時的には、安全を名目として問題にされるのである。

安全という理由付けは、通常の法的メカニズムでは対応できないと思われる脅威に直面したときに、特例法に頼ることを正当化するだけではない。法体系に新たな均衡の模索を促すことで、より全般的な影響を及ぼすのである。刑事的な対応は、あらゆる種類のリスクの増大によって引き起こされる安全を脅かす状況から保護するための最適な手段として考えられている。つまり、安全を至上命令とすることによって、もはや「有罪性」の概念ではなく「危険性」の概念に重点を置くことになり、刑法を修正させるに至っている[53]。また、安全の名の下に、社会的・政治的秩序への攻撃を未然に防ぐための監視装置も設置されている。つまり、さまざまな形態の軽犯罪の予防、そしてテロとの闘いは、大衆監視を行うように促し、これは国民全体に及んでいる。

安全をその最優先課題と位置づける安全国家が出現したからといって、これは法治国家に終焉をもたらすものではない。とはいえ、特例法の発達や法規範性の変容は、自由と安全との間に新たなバランスが生まれつつあることを示しており、それは法治国家に対する従来の見方を修正するものである。

このような国家の変容は、市民としてのつながりという難題を新たな形で提起している。

(51) 二〇一五年一一月一三日夜にパリ及びその郊外で発生した計六件の銃撃や自爆テロ（いわゆる「パリ同時多発テロ事件」）によって、死者一三〇名が発生し、翌日イスラム過激派組織「イスラム国」（ＩＳＩＬ）がこれらのテロについて犯行声明を出した。特に、パリ一一区のバタクラン劇場においては、テロリストによる銃の乱射等により八九名が犠牲となった。これを受け、オランド仏大統領は一一月一三日深夜に非常事態宣言を布告し、その後六回の延長を経て、二〇一七年一一月一日まで続いた。〔訳注〕

(52) 前掲注（39）に同じ（Conseil d'État, étude citée, 2021）。〔原注〕

(53) Geneviève Giudicelli-Delage et Christine Lazerges (dir.), *La Dangerosité saisie par le droit pénal*, Paris, PUF, 2011.〔原注〕

3　市民に関する難題

革命以降のフランスで形成されてきた市民という理念は、いくつかの社会的・政治的背景と不可分である。まず、国民国家の建設は、国家が自国民として認めてその見返りとして忠誠を得ようとする人々と、国民共同体の外にとどまる人々との間に、明確な境界線、すなわち「社会的フェンス」を設けることを意味する。また、公と私の区別は、各人が自らの目標の実現を追求することを可能にする個人の自律性と、政治的共同体に帰属することを通じた集団的秩序の構築との間で微妙なバランスを取ることを可能にする。さらに、民主主義モデルは、あらゆる権力の源泉、すなわちあらゆる権威の基礎を市民共同体に置きながら、公的な問題の処理を選挙で選ばれた代表者に委ねる。ところが、市民という理念の基礎となったこれらの強固な土台は崩れ去ってしまった。つまり、グローバリゼーションが国民国家の枠組みの妥当性に疑問を投げかけ、国民的アイデンティティを曖昧にし、新たなアイデンティティの原理の出現を促している一方で、代表制に基づく政治的なつながりや、より一般的に言えば、共通の価値観への帰属を意味する市民的なつながりは、もはや自明なものではなくなっている。

このように土台が崩れ去った結果、市民が国家との間で培っている関係の変化に加え、市民としてのつながりの基礎となる価値観の再確認という、緊張関係なくして両立し得ない二つの動きを介することで、市民という理念に対する新たな見方が生まれようとしている。

国家に対峙する市民

フランスでは、国家との関係は伝統的に二つの側面がある。その一つは、市民（citoyen）としての関係であり、この関係は、権力の基盤を形成し、代表者の選任を通じて権力の行使条件を規定することになる。もう一つは、被治者（administré）としての関係であり、国家の権威に服従し、その規定に従う義務を負う。すなわち、政治秩序においては市民である個人は、行政秩序においては臣民（sujet）となるのである。国家との関係における二つの側面（政治・行政）のこうした明確な区別は、曖昧になりつつあり、それぞれの意味合いを再検討する必要がある。

代表制の論理とは、つまるところ、市民の政治的権利を単に代表者を選任することだけに限定することである。そこでは、選挙とは、市民が権力の実体を統治者によって奪われる手段のようである。しかし、こうした考え方は、もはや通用しなくなった。なぜなら、民主主義の要請によって、市民に対して公共的な問題への影響力を与えることが不可欠であるように思われるからである。このように、市民性は、能動的市民性を志向するようになっており、これはいかなる意味でも市民が何かを奪われるという考え方とは相容れない。

この能動的市民性は、何よりもまず、市民に対してその声を聞いてもらう手段を与えるという形をとり、これは、「討論期間」として重要な集合的選択の決定に先行して行われる傾向にある。フランスでは、他国と同様、市民が参加する新しい形態の「公共討論」も増加しており、これにはさまざまな形態がある。たとえば、二〇〇七年の環境グルネル会議といった政策に関連する大規模な国民討論会は、「専門家」の意見を聴き、「労働組合及び経営者団体」と協議するという従来型の方法を超えた「国民会議」（États généraux）[54]の一環として立ち上げられたものである。また、一九九五年以降は、大規模な開発プロジェクトやインフラ・プロジェクトの実施にあたってあらかじめ討論会を行うことが義務付けられており、これらは、公共討論全国委員会（ＣＮＤＰ）の下で開催されている。先行きの見えない状況下で下さなければならない科学的・技術的選択に関する討論会もあり、これらの討論会は、「コンセンサス会議」（conférences de consensus）の枠組みの中で「市民の専門的知見」を求めている。さらに、最近になって二つの新しい方式が現れた。その一つは、「国民大討論」（grand débat national）（二〇一九年一月一五日から三月一五日まで）であり、黄色いベスト運動[55]をきっかけに組織され、取り上げられたテーマや協議の方法からして非常に広範な市民の協議の場となったが、具体的な効果はほとんどなかった。もう一つは、「気候市民会議」（convention citoyenne pour le climat）（二〇一九年一〇月から二〇二〇年六月まで）であり、抽選で無作為に選ばれた一五〇人のフランス人が集められ、気候変動に対する一連の提案を提出することが任務とされた。その結果は、会議の提案と最終的な法律の内容との間に隔たりがあったことから、期待外れとみなされた。

　これと並行し、政策決定過程に市民をより直接的に参加させるという考え方も広まりつつある。

住民投票の範囲は、国レベルでも地域レベルでも、二方向で拡大している。二〇〇八年に導入された「合同発案による国民投票」が具体的な成果を上げることができなかったため、「市民発案による国民投票」（ＲＩＣ）[56]の導入が提唱されている。地方住民投票に関しては、二〇〇三年にすべての地方公共団体の階層に拡大され、意思表明できる範囲も新たに加えられた。また、デジタル技術

(54) États généraux とは、中世からアンシャン・レジーム期にかけてのフランスに存在した身分制議会を指し、第一身分（聖職者）、第二身分（貴族）、第三身分（平民）によって構成され、国王によって召集された。これを「全国三部会」あるいは単に「三部会」と訳すのが通例であるが（本書第一章一〇頁）、最近のフランスでは、この歴史的な「三部会」を想起させつつ、国民各層の参加を得て実施する市民参加型公共討論を États généraux と称しており、本書ではこれを「国民会議」と訳した。〔訳注〕

(55) 黄色いベスト運動（Mouvement des Gillets jaunes）とは、二〇一八年一〇月以降にフランス各地で発生した自然発生的な抗議運動を指す。この運動は、自動車燃料税の増税案（その後抗議運動を受けて撤回）への反対を訴えるソーシャルメディア上の呼びかけを契機として、各都市の郊外の住民も巻き込んで拡大し、抗議参加者は主に毎週土曜日に視認性の高い蛍光色の黄色いベストを着用して示威行動を行うのが定例化していた。バリケードによる公道の占拠をはじめとして次第に暴力的な様相を呈してきたが、二〇一九年夏頃には沈静化した。〔訳注〕

(56) 憲法第一一条の規定する国民投票は、内閣の提案又は両院共同の提案に基づく大統領の発議による場合もしくは有権者の一〇分の一の支持を得て国会議員の五分の一によって発案される場合（「合同発案による国民投票」）のみ認められているが、後者が実施に至った例はこれまでにない。こうしたことから、大統領や国会の同意を必要とせず、有権者の一定数の支持のみをもって可能となる「市民発案による国民投票」（référendum d'initiative citoyenne）は、黄色いベスト運動の主な要求事項の一つであった。〔訳注〕

の活用は、市民に政治的選択に関する見解を表明したり、起草に関与したりできるようにすることによって、「開かれた政府」の可能性を提供しているようである。たとえば、「デジタル共和国のための」(Pour une République numérique) 二〇一六年一〇月七日法の起草は、フランスにとって初めてとなるこの種の試みであった。

さらに、従来型の被治者との関係モデルは、距離を置くことや権威によって維持されてきたが、こうしたモデルにも併せて疑問が呈されるようになっている。被治者は、もはや行政権力に服従する単なる隷属者としてでもなく、行政が提供するサービスの恩恵を受ける単なる利用者としてでもなく、むしろ、行政に対する一連の権利を当然に持つ市民として扱われることを望んでいる。その権利とは、情報を得る権利、サービスを受ける権利、適切な行政への権利及び行政プロセスに参画する権利である。これによって、行政は「参加型民主主義」の最高の結節点となるのである。なぜなら、市民にサービスの運用に関与する権限を授けることは、当事者に再び公的な事柄への具体的な影響力を与えることを通して、代議制民主主義の欠点を補うものと考えられているからである。こうして、被治者がいつも接しているサービスの運用に関与することを通して、「日常の民主主義」というイメージが形成されるのである。こうした公民的側面は、はっきりと引力として働き、行政との関係におけるさまざまな場面を徐々に取り込み、吸収していく傾向にある。

しかし、市民という概念は、個人や集団のアイデンティティの根本に触れる、より拡散的で、より根源的な現実を思い起こさせる。

市民としてのつながり

市民という理念は、政治的なつながり、またそれを超えて社会的なつながりを支える中心的な概念であり、社会を構成するさまざまな要素をつなぎ合わせ、それらがくっついたままでいられるようにする、社会のセメントのようなものである。しかし、この理念はもはや自明のものではない(57)。さまざまな要因が重なった結果、市民という理念の土台となっていた共通の価値観は薄れつつある。すなわち、国民的アイデンティティの崩壊、公民精神の危機がもたらす混沌状態《アノミー》、移民の流入が促す異人種間通婚と混血の進行、領土内における移民コミュニティの存在、より小さな帰属集団へのアイデンティティの内向化といった要因である。私たちは「アイデンティティのバルカン化」という現象を目の当たりにしているが、これは国家による忠誠心の統制をより困難にし、政治的結束に危険をもたらすものである。実際、民族、信仰、生活様式、世界観の多様化がますます進むにつれ、フランス式の共和国統合モデルの綻びが浮き彫りになっている。移民が徐々に国民共同体に統合されていく仕組みは、もはやかつてのように効果的には機能しなくなっているのである。

かつては、社会を構成するさまざまな集団の特殊性や多様性に対して多くを要求せず、より寛容な市民モデルを好意的に捉える風潮があった。しかしながら、こうした考え方は、イスラム教に対してどのような地位を認めたらいいかという問題にぶつかった。この問題は、サラフィー主義に触

(57) Conseil d'État, « La citoyenneté. Être (un) citoyen aujourd'hui », *Étude annuelle*, n° 69, 2018.〔原注〕

発された厳格な宗教的実践の台頭、そしてジハード主義によるテロの増加によって、より深刻なものとなった。学校でのスカーフ着用（二〇〇四年三月一五日法は、学校において宗教的信条を「顕示的な」方法で示すことを禁止）、公共空間でのブルカ着用（二〇一〇年一〇月一一日法は、公共空間で顔を隠すことを禁止）を認めなかったことが転機となり、これらの制限の適用範囲を拡大する政治的議論が巻き起こった。この議論では、非宗教性《ライシテ》というテーマに重点が置かれたが、それは「閉鎖的な非宗教性」であり、宗教の、実際にはイスラム教の、いかなる公共の場での表現も認めないものであった。共同体主義は、これまでになく国民的アイデンティティと共和国の破壊者として問題にされ、「同化」ではないが「統合」というテーマに力点が置かれている。たとえば、最近の入国管理に関する法律では、滞在や帰化の申請者に「共和国の価値観」に精通していることを求めている。また、「急進的なイスラム主義」、すなわち、「政治的・宗教的な企てであって、共和国の価値観から繰り返し逸脱し、しばしば反社会性の形成という形で現れるもの[58]」と闘うという意思が、二〇二一年八月二四日法の採択につながった。この法律の規定は、「分離主義」の可能性のあるあらゆる兆候を追跡しようとする極めて多様な性格の一連の対策を通じて、「共和国の原則と社会生活における最低限の条件が尊重されることを保障する」ことを目的としている。いずれにしても、フランス社会の変化を考えると、いかなるアイデンティティの移ろいもいかなる差異化の要素も許容しないような厳格な型として、市民という理念を捉えることはもはやできない。つまり、市民という理念の土台であった共通の価値観は、他の参照基準を排除する独占的なものとは考えられず、市民であることは、もはや自らが属するより狭い共同体の枠内で形成されたアイデンティティのしるしを放棄することを必ずしも前提としないのである。

権利と義務、参画と拘束を同時に意味する市民という理念の両義性は、デジタルの時代における国家の大転換にも見ることができる。

4　デジタル化に関する難題

デジタル革命は、社会生活のあらゆる分野に影響を及ぼす総合的なプロセスであり、国家の組織と機能の諸原理を根底から変えつつある。公共政策におけるデジタル課題の重要性が認識されていること、経済成長において公的なデータが不可欠な地位を占めていること、新たなサービスの創造のためにデジタル技術が新たな可能性を提供することから、デジタル化は近年の国家改革計画の中心に位置づけられている。これらの計画は、デジタル技術を「公共政策の効率性のために役立て」つつ、「フランスのデジタル・トランスフォーメーションを加速する」ことを目的としている。また、国家には、デジタル技術の持つ潜在性を十分に活用すべく、「デジタル戦略」を策定して実施することが求められている。デジタル技術を活用するのは、まずもって公共サービスの質を向上さ

(58) 二〇二〇年一〇月二〇日のエマニュエル・マクロン仏大統領の発言。〔原注〕

せるという目的からであるが、こうした技術は、行動を監視・支配する手段としても利用されているのである。

デジタル・トランスフォーメーション

デジタル革命は、特にオンライン・プラットフォームの台頭によって示されるように、新しい経済を生み出した。これらのプラットフォームは、情報、財産、サービスの供給者と顧客を相互に直接接触させることによって、公共サービスの占める地位を根底から覆し、その範囲の再定義を促している。二〇一七年、国務院《コンセイユ・デタ》は、「公共サービスと直接競合するデジタル・プラットフォームの登場が公共サービスにもたらす破壊的な結果」を躊躇なく指摘し、民間のオンラインサービスの普及が「徐々にすり減っていくサービス国家」という見通しを予見させるものであるとした[59]。伝統的に専ら公的部門が担ってきた機能をデジタル経済の企業が引き受けることは、この「プラットフォーム資本主義」をさらに超え、「デジタル民営化」を通じて「官民の役割分担を再構成すること」につながるであろう[60]。こうした進展は、公共データのオープンデータの取組、すなわち、公共データを社会主体が利活用できるようにし、自由に二次利用できるようにすることによって、強力に後押しされた。このような取組の普及の要請は、いくつかの段階を経て徐々になされてきた。二〇一六年に制定された「デジタル共和国のための」法律は、二〇一九年のEU指令によって拡充され、こうした進展の到達点となった。つまり、この法律は、公共サービスの業務の一環として作成、収集、受領されるすべてのデータについてデフォルトで公開するという原則に加え、無料での公開の原則を規定している。また、この法律は、データの「公共サービス」を創設し、これによって、「参照データ」に加え、民間主体によって作成されるものではあるが「戦略的重要性」を有すると認められる「一般利益データ」について、すべての人が利用できるようにすることを目的としている。

　プラットフォームに関する戦略は、民間部門だけに限定されるものではなく、国家の組織原理や行動様式を変革しつつあるデジタル化プロセスに内在するものである。国家も、大手デジタル企業に倣って、財やサービスの交換や生産を促進するためのインターフェースや仲介システムを構築するよう求められるようになってくるのである。

　二〇一七年から計画されているように、デジタル・トランスフォーメーションは二つの重要な軸を中心に構築されている。すなわち、すべての行政手続のペーパーレス化と「国家デジタル・プラットフォーム」（plateforme numérique de l'État：ＰＮＥ）の実験である。ＰＮＥは、国民一人ひとりへの固有のデジタルＩＤの付与、すべての国家のアプリケーションとデータの共通言語化、行政間で交換される個人データの保護の三つの要素で構成される。フランス・コネクト（FranceCon-

（59）« Puissance publique et plateformes numériques. Accompagner l'uberisation », *Étude annuelle*, n° 68, 2017.〔原注〕

（60）Gilles Jeannot et Simon Cottin-Marx, *La Privatisation numérique. Déstabilisation et réinvention du service public*, Paris, Raisons d'agir, 2022.〔原注〕

nect）は、まずもって、利用者がたった一つのキーを使って一連のオンラインサービスに接続できるようにする識別手段として設計された。これによって、利用者の行政手続を簡素化しつつ、関係者の身元確認が不要となることで行政サービスの負担が軽減されるのである。そして、その射程は拡がり、フランス・コネクトは、もはや単なる「身分証明」ではなく、「プラットフォーム」、つまりデータやサービスの安全な交換をサポートする技術的なアーキテクチャとして存在感を示している。また、革新的なアクターによって生み出される新しいデジタルサービスは、「メタ・プラットフォーム」として現れるものに組み込まれることになる。

　プラットフォーム化は、既存のサービスを強化・拡張するサービスを開発する機会を提供する。たとえば、「アプリケーション・プログラミング・インターフェース」（API）を通じて行われるデータの相互連携により、開発者は、国家を交換のプラットフォームとして活用し、スタートアップ企業を介在させた「アジャイル」手法によって、新しいデジタルサービスを生み出すことができるようになる。こうしたプラットフォーム化は、利用者のニーズにより良く適合したサービスを生み出すことを可能にすると考えられる一方で、国家と社会の接触の在り方を変容させるものでもある。すなわち、国務院《コンセイユ・デタ》が指摘するように、「今日、デジタル・プラットフォーム上で発生するすべての関係を支配しているのは、アルゴリズムや人工知能である」。ところが、アルゴリズムは、サービスの運用を最適化することを可能にする一方で、意思決定における人間的要素の重要性を低下させることによって、人間性のはく奪という現象を招くことになる。こうして、プラットフォーム国家は、自動化されたプロセスによってその運転が制御されている「冷徹な怪物」と市民からみなされる危険性がある。

デジタルツールは、公共政策のいっそうの効率化を目的とする一方で、さらに監視装置としても使われている。

監視国家？

デジタル技術の発達は、社会のさまざまな行動を支配する手段を国家に与え、それらの手段は、国家が伝統的に持っていたものとは比べものにならないものである。デジタル技術は、中国では社会全体を管理する手段として使われるなど、国家と社会の関係をあらゆる場面で変えつつある。データのデジタル化がもたらす可能性は、個人を国家の厳しい監視の下に置くことになろう。こうして、私たちは「データ・サーベイランス」の導入を目の当たりにしており、データによる監視は、国民全体に拡がり、この不正侵入のような論理をさらに推し進めている。

デジタル技術は何よりもまず、個人を識別する手段として使われている。従来型の個人識別の方法は、生体認証データの収集によって補完される傾向にある。つまり、身体の一部（身長、瞳の色、指紋その他の要素）をデジタル化することで、あらゆる不正の可能性を排除しつつ、個人の身元を確実に証明するというものである。二〇一二年に導入された「安全電子国民身分証」（ＩＮＥＳ）プロジェクトは、パスポートと国民身分証明カードの両方の役割を併せ持つものであるが、保有者のデジタル画像と二つの指紋が保存されている新しい電子身分証明カードの普及につながった（二〇二一年三月一三日政令《デクレ》）。他方で、生体認証データはさまざまな個人情報ファイルにおいて本人識別要素として広く使われている。この点、真正性を証明するための顔認証システムが次第に拡大していることは重要な問題となってきている。たとえば、二〇一九年にフランス内務省が開発した顔認証デジタル識別アプリケーション（Alicem）は実用化されており、国民健康保険証（carte Vitale）の電子化についても現在実証実験が行われている。もっとも、公共空間での監視カメラの普及によって、ひとたび顔認証システムが国民全体を監視する手段として使われるようになると、中国の事例のように、このシステムは危険性を示すことになる。

デジタル社会の発展から生まれたソーシャル・コミュニケーション・システムは、デジタル資源を最大限活用しようとする諜報活動の枠組みの中で、国家監視の力から逃れることはできない。インターネット上または携帯電話間の電子通信の監視は、テロとの闘いの名目の下に合法化され、相次ぐ拡大（二〇一五年七月二四日法から二〇二一年七月三〇日法に至るまで）によって次第に強化されている。テロの脅威を示唆し得る行動を検知するためには、複数のアルゴリズムから成る「ブラックボックス」を利用して、メタ・データ（発信先電話番号、閲覧したウェブサイトなど）を分析する必要があり、こうしたデータは、あるサービスから別のサービスへ転送され、通常の期間よりも長く保存される可能性がある。典型的なテロリストの人物像というものがない中で、国民全体が潜在的に疑われることになり、結果として大衆監視に進展する危険性がある。

より一般的には、デジタル監視は個人データの収集と分析を伴う。こうした個人データは、個人から提供されるか、日常生活上の対象物に残されたデジタル痕跡から自動的に収集されたもので、アルゴリズムを用いて処理される。こうして、個人は、人定情報の把握、嗜好の特定、行動の予測を目的とした「デジタル追跡」にさらされるのである。このアプローチは、国家に固有のものではない。膨大な量の個人データは、大手インターネット企業によって収集され、データベースに保存され、組織的な利活用を視野に入れて処理されている。こうした動きは、いまやグローバルなデータ市場となったものを通じて行われ、この市場は、デジタル経済の主要アクターであるＧＡＦＡが支配している。ここに、「資本主義の新時代」、あるいは「監視資本主義」[61]が出現したと言えよう。国家に関して言えば、個人情報ファイルの増大とそれらが有する記憶容量によって、国家は、市民の生活のさまざまな側面を知る手段を与えられており、収集されたデータを関連付けて、相互に参照することによって、被治者の「プロファイリング」が可能となる。つまり、これらによって、識別された公衆の多様性に応じて、公共政策を調整することが可能になるのである。

（61）Shoshana Zuboff, *L'Âge du capitalisme de surveillance*, Paris, Zulma, 2020.（ショシャナ・ズボフ『監視資本主義――人類の未来を賭けた闘い』野中香方子訳、東洋経済新報社、二〇二一年）〔原注〕

補章

新たな経済介入主義へ

「経済的愛国主義」（patriotisme économique）というテーマに裏打ちされた新しい介入主義が、姿を現しつつある。この表現は最近になって使われるようになったものであり、二〇〇〇年代までは使われていない。おそらく「経済ナショナリズム」や、よりなじみのある「経済的保護主義」とい った類似の表現を見かけたことはあるかもしれないが、後者の「経済的保護主義」は、特に一九三〇年代に各国が世界大恐慌の影響に対処するために展開した政策を指す。しかし、これらの表現は、同じ意味領域に属するものの、別の意味合いを持つ「経済的愛国主義」の考え方とは混同すべきではない。このテーマに言及した初期の文書は、一九九四年のマルトル報告書[62]、次いでその十年後のカレヨン報告書[63]であるが、これらにおける「経済的愛国主義」への言及は間接的なもので、「経済諜報活動」（intelligence économique）のテーマと結びつけていた。そこでは、経済諜報活動とは「経済アクターにとって有益な情報について、これを利活用することを視野に、調査、処理、流通させるための調整されたあらゆる行動」と定義され、「真正かつ重要な国家の公共政策」として捉えるよう提起されていた。経済諜報活動は、経済競争において不可欠な切り札としての情報の重要性を強調するものではあったが、より包括的な戦略の中にあってはその一構成要素にすぎない。よ

(62) Commissariat Général du Plan, *Intelligence économique et stratégie des entreprises, Travaux du groupe présidé par Henri Martre*, La Documentation Française, 1994.〔訳注〕
(63) Bernard Carayon, *Intelligence économique, compétitivité et cohésion sociale*, Rapport au Premier ministre, 2003.〔訳注〕

り包括的な戦略は、経済的愛国主義の中に他の推進力や手段を見出すのである。経済的愛国主義というテーマは、政治の世界ではドミニク・ド・ヴィルパンによって有名になった。当時首相であったド・ヴィルパンは、二〇〇五年七月二七日の記者会見において、ペプシコーラによるフランスの農業・食品産業の旗艦企業であるダノンへの買収提案に断固反対することを正当化するため、これに言及し、戦略的企業とみなされる企業の保護を目的とした二〇〇五年一二月三〇日政令《デクレ》を発表したのである。

一見すると、この経済的愛国主義という表現はまさに撞着語法となっており、意表を突くものかもしれない。「愛国主義」とは、現に個人の主観に属する事柄であり、感情の問題である。すなわち、「愛国主義」は、祖国愛と同義であり、すべての人の目から見て国こそが至高の基準であり、集団生活の枠組みであり、そのために人々が犠牲を払う用意があるということを意味するのである。ところが、「経済」は、それぞれの人が最大限の利益を得る源であり、このような情緒的な行動に訴えることはできない。したがって、経済的愛国主義を語ることは、純粋に象徴的な行動であり、根本的に異なる次元にある情動を経済に向けさせること、あるいは、闘争、緊張、不平等を生み出すメカニズムをめぐってこれに同調する人為的な動きを呼び起こすことを意図したもののように思える。一方で、この表現はもっと単純で平凡な現実を想起させる。それは、同じ共同体に属するということは、共通の利益、とりわけ経済的な共通の利益が存在することを前提としており、こうした利益は外界との関係において擁護され、促進される必要があるという見方である。そして、社会において均衡が保たれた状態にあるか、社会がどの程度発展し、あるいはどの程度統合されているかは、たしかにその経済状態にかかっているのである。

グローバリゼーションの進展に内在する緊張関係は、新型コロナの世界的大流行によって浮き彫りになったが、これらを反映し、経済的愛国主義というテーマが今日盛んに論じられるようになってきている。しかし、経済的愛国主義の下になされる諸政策が両義的であるばかりでなく、これが内包する難題も簡単には払拭できないため、この興隆は漠然としたものである。

1　経済的愛国主義の興隆

経済的愛国主義というテーマは、グローバリゼーションが経済構造ひいては社会の一体性に及ぼす悪影響への認識が高まるにつれて盛んに論じられるようになった。貿易の自由化は、企業の国外移転、雇用の破壊、産業部門の衰退、国土のいたるところでの過疎化をもたらした。グローバリゼーションの強風にさらされた各国家は、とうとう経済発展と社会統合に不可欠なあらゆる変数の舵取りを失うようになった。また、これと並行し、経済の流れが変化するにつれて、世界規模で新たな均衡が形成されつつある。

衛生危機の衝撃

二〇二〇年、新型コロナの世界的大流行は、経済的愛国主義をかつてないほど話題にすることによって、これを広く普及させる役割を担った。同年三月一六日にマクロン仏大統領によってなされた軍隊風の演説は、こうした状況を利用したものであった。「私たちは戦争をしています。そう、衛生上の戦争です。私たちは、軍隊と戦っているわけでも、よその国と戦っているわけでもありません。しかし、敵はそこにいて、目に見えず、捕まえることもできず、拡大しているのです。だからこそ、総動員体制が必要なのです」。これは、まずもってウイルスとの戦争であったことに間違いないが、この戦争には経済的な意味合いもあり、「真の戦時経済」と呼ばれるものを組織することにつながった。その後のマクロン仏大統領の発言は、衛生危機と経済主権の間に確立された関係を証明するものであった。たとえば、「私たちは国家と欧州の主権を再構築しなければなりません」（二〇二〇年三月三一日）、「私たちには農業、保健、産業、技術の独立が必要です」（同年四月一三日）、「私たちは、より強力で持続可能な経済モデルを構築し、他者に依存しないよう、より多くの生産を行わなければなりません（中略）研究開発、系列部門の統合、魅力度の向上、正当化できる場合の国内再移転を通じて、我々の独立性に投資することにより、新たな雇用を創出しなければなりません」（同年六月一四日）といった発言がなされている。

感染症対策における機能不全は、衛生上の観点から不可欠ないくつかの物品（マスク、検査キット、医薬品など）を輸入に頼らざるを得ないという点において、現にフランスの依存状態を露呈することになった。このように医療分野のサプライチェーンに脆弱性と不安定性が見られたことによって、生産チェーンのさまざまな工程が断片化され、空間的に分離され、集約されることを特徴とする「グローバル・バリュー・チェーン」（GVC）の発達がもたらす帰結についてより広く認識されるようになった。さらに、中国が世界経済の中心にあってますます重要な立場を占めるようになり、戦略的に重要な製品や部品（半導体、蓄電池、電子部品など）の製造に関して支配的な地位を有していることは、技術的な依存のリスクを伴うと考えられている。「独立して主権の下に儲ける」ことを視野に入れた「バリュー・チェーン」の再編成と戦略部門の国内再移転が、いまや優先的な目標になっているのである。

国家による対応

二〇二〇年九月にフランスで採択された経済振興計画（一〇〇〇億ユーロ、七〇の施策群により構成）は、衛生危機の影響に対応するだけでなく、「二〇三〇年のフランスを準備する」ことも目指している。この計画には、エコロジーへの移行、企業競争力、社会・地域の一体性という三つの主要な軸があり、同年四月一三日にマクロン仏大統領が述べたように、「長期的視点、計画化の可能性、脱炭素、予防、回復力。ただこれらだけが将来の危機に対処することを可能とするものであり、私たちはこれらを取り戻すことができる戦略を構築しなければならない」のである。

したがって、経済的愛国主義というテーマが盛んに論じられるようになったのは、新型コロナの世界的大流行が拡大する中で浮き彫りになったグローバリゼーションの悪影響への反応として現れたものである。すなわち、「ハイパーグローバリゼーション」は、雇用を破壊し、地球温暖化を加速させ、グローバルなサプライチェーンを弱体化させながら、中国に依存する状況を生み出しているとして厳しく非難されているのである。一方で、経済的愛国主義の高揚は、国家による介入に新たな正当性を与え、グローバル化した経済にあってそれぞれの国益を守ることを可能にするが、その概念の輪郭は依然として極めて不明確である。

2　経済的愛国主義の両義性

経済的愛国主義の両義性は、密接に関連する似通った概念との複雑な関係によく表れている。すなわち、経済的愛国主義は、国境の内側にあって内向き志向を助長する「保護主義」と同一視できないにしても、なお自国経済の保護を前提にしているという点では変わらない。また、経済的愛国主義は、国民を他のあらゆる考慮事項よりも上位に位置づける「ナショナリズム」から距離を置こうとするにしても、基本的には国益を指標に突き動かされている点では同じである。さらに、経済的愛国主義は、企業の競争力の強化を目指す単なる「経済諜報活動」を超えたものであるが、経済諜報活動自体はその目的の一つである。経済的愛国主義というテーマは、こうしたさまざまな側面を持ちながら、それらを超越するより一般的な大義に関連付け、国家による介入主義の正当化原理として役立っているのである。

この両義性は、守りの戦略と攻めの戦略の双方に同時に訴えることに表れており、その併用には矛盾がないわけではない。

守りの戦略

経済的愛国主義の名の下に、自国経済を外国利権の侵入さらには植民地化から守りつつ、これを無傷のまま保全するための一連の措置がとられてきた。愛国主義とは、経済が適切に機能するために不可欠な「安全」という要請を損なわせながら、経済的依存関係を生み出すことによって国家の「主権」に疑問を投げかけかねないあらゆるものを拒絶することだと言えよう。この守りの戦略は、古典的には、貿易自由化の原則に反して、国内企業との競争を制限するための措置を通して実施される。たとえば、関税の引き上げ、輸入品に対する課税や規制、公共調達に関する規則などの措置である。最近の保護主義の高まりは、この種の措置が強化されていることに表れており、その背景には、一方の国々がとった措置に対して他方の国々が報復的な措置をとって対抗するといった国家間の貿易紛争がある。

これと関連して、「戦略的」と判断される分野への対外直接投資（ＦＤＩ）の規制も強化されている。ダノンの買収未遂事件をきっかけに、前述の二〇〇五年一二月三〇日政令《デクレ》は、主として防衛と安全保障に関わる一一の関連分野を列挙し、これらの分野についての投資は事前許可の対象となった。アルストムの事案(64)を受けた二〇一四年五月一六日政令《デクレ》は、この制度を他の分野（電力、交通、水、電子通信など）にも拡大するとともに、より一般的に、フランスの戦略的利益を損なう外国からの投資に反対する権限を政府に与えた。二〇一九年五月二二日法及び同年一二月三一日の同法施行令《デクレ》により、制度は抜本的に修正された。すなわち、規制の対象となる活動が大幅に拡大されるとともに（印刷メディアとオンラインメディア、食料安全保障、エネルギー備蓄、量子技術）、外資による買収に関して規制の要件となる資本参加の基準値は、買収対象となるフランス企業の議決権の三三・三三パーセントから二五パーセントに引き下げられたのである。さらに、経済大臣の権限（措置命令や許可の取消しの権限）が強化され、制裁の制度も厳格化された。これに並行して、第三国からの対外直接投資をスクリーニングする枠組みを規定する二〇一九年三月一九日ＥＵ規則にフランス法を適合させたことによって、いまや二段階を経るようになった手続や不許可理由についてより適切に管理されるようになった。

　二〇二〇年の新型コロナの世界的大流行は、この制度をさらに強化する契機となった。たとえば、二〇二〇年四月二七日省令《アレテ》は、事前許可制の対象となる外国からの投資の事業分野のリストにバイオテクノロジー分野を追加した。また、二〇二〇年七月には、コロナ禍によって弱体化したフランスを代表するいくつかの企業が敵対的買収を受けることを防止することを目的として、二〇二一年末までの間、その後の延長（二〇二一年一二月二二日政令《デクレ》）を経て二〇二二年一二月三一日までの間、規制の要件となる基準値を議決権の二五パーセントから一〇パーセントに引き下げた。二〇二〇年一二月には、先端技術を持つ企業の買収提案が不許可とされ、二〇二一年一月には、カナダ企業によるカルフールの経営権獲得に対して、「食料安全保障」という疑わしい名目の下に、経済大臣は断固として反対を表明した。これらの事例は、衛生危機の影響によって生み出された新たな状況を踏まえ、公的機関が以前よりも厳格な立場を採っていることを示している。もっとも、このようなフランスの状況は決して例外的なものではない。二〇二〇年六月、経済開発協力機構（ＯＥＣＤ）は、六〇程度の国における外資規制措置の総数が新型コロナの世界的大流行が始まってから四倍になっており、そしてこれはほぼ確実に持続的な傾向であることを示した。

これに加え、国家は、株主としていくつかの手段に訴える可能性も留保しており、二倍議決権メカニズム（二〇一四年三月二九日法[65]に基づくもの）や、とりわけ一九八六年に導入され、その後一九

(64) 二〇一四年四月末、米ゼネラル・エレクトリック（ＧＥ）が仏重電大手アルストムのエネルギー部門の買収に向けて交渉していることが明らかになった。その後、フランス政府による介入とこれを受けたＧＥによる買収提案の修正を経つつも、ＧＥは二〇一五年一一月に発電・送配電事業の買収を完了し、アルストムは鉄道ビジネスの専業企業となった。〔訳注〕

(65) この法律（Loi n° 2014-384 du 29 mars 2014 visant à reconquérir l'économie réelle）は、「フロランジュ法」として知られ、国内産業の保護や雇用維持を目的に二年以上の長期保有の株主に対して二倍の議決権を与えること等を内容としている。同法成立の背景としては、鉄鋼大手アルセロール・ミタルの仏北東部モゼル県フロランジュ工場の閉鎖をめぐり、企業と従業員間で労働争議が生じ、二〇一三年の仏大統領選挙戦中に同地を訪れた当時のオランド大統領候補が法案の提出を約束したことがあった。〔訳注〕

九三年と二〇一九年に改正された特殊株式メカニズム（いわゆる黄金株）などの手段がこれに含まれる。こうした可能性により、国家は、戦略的または機密性の高い分野において、国益と判断するものを保護するとともに、生産コストの削減を望む企業の国外移転に反対することができるのである。

攻めの戦略

攻めの戦略は、グローバルな競争の中で自国経済の地位を向上させるために、その成長を促進することを目的とした一連の対策という形式をとる。ここで目指しているのは、もはや外部の脅威から守ることではなく、「国外の市場を獲得することを視野に入れて（中略）イノベーション、競争力、魅力度向上の気風」を育むことである。

この戦略は、国内企業の業績、ひいては競争力を向上させるという意図に裏打ちされた、選択的な政策の展開を通じて行われる。すなわち、ある時は、「ナショナル・チャンピオン」の出現を促すという観点から、戦略的に重要であると認められる特定の部門や活動を支援し、またある時は、大規模な設備の資金調達を行い、さらにある時は、イノベーションと技術開発に重点を置くことになるのである。こうした観点から、二〇〇八年一二月に設立された「フランス戦略投資基金」（FSI）は、価値と競争力を創出するプロジェクトを持つ企業に自己資本を提供し、その資本の安定化を図ることを目的としていた。これを引き継いだ「フランス公共投資銀行」（BpiFrance）（二〇一二年一二月三一日法）は、複数の事業体に分散していた経済の支援業務を一括りにし、より広範な任務を担っている。たとえば、「企業の資金調達と成長のための公共グループ」は、中小企業を優先しつつ、融資の割り当てや株式の取得を通じて、長期プロジェクトの資金調達、関連産業部門の成長戦略への支援、将来有望な分野の育成のための出資など、さまざまな目的を追求することが求められている。

このイノベーション重視の戦略は、二〇一八年一月一五日にフランス公共投資銀行内に創設された「産業イノベーションのための基金」（ＦＩＩ）に表れており、この基金は、将来市場を構成することが期待されるものの、まだ十分な民間投資の恩恵を受けていない新たなテクノロジーの発展に貢献することを目的としている。すなわち、将来有望な分野の出現を促進し、ディープテック計画を通じてテクノロジー分野のスタートアップ企業の成長を支援することを目標としているのである。また、コロナ禍の影響を解消するためにとられた措置の一環として、国が融資を保証する形で、スタートアップ企業に対する支援計画が採択され、この計画は、対象企業の資本に投資することを目的とした基金の創設によって拡充された。二〇〇四年九月に開始された競争力クラスター（pôles de compétitivité）政策は、産業構造を活性化させるこうした取組に貢献することを意図しており、ここでは地域の関係者（企業、研究ユニット、研修センター）間の協力に焦点を当てている。

これと同時に、攻めの戦略には、国内的または国際的に、自国企業を助成する取組を伴う。すなわち、国内的には、消費者に対して地元製品の価値をアピールしており（フランス規格協会（ＡＦＮ

ＯＲ）が授与する「原産地保証」ラベルや「メイド・イン・フランス」等）、国際的には、経済諜報活動の資源を活用したり公権力の後押しで外国企業の経営権を取得したりすることによって、国外市場に進出する企業の戦略を支援しているのである。

守りの戦略と攻めの戦略の組み合わせは、外の世界から自国経済を守ろうとしながら、同時に、国境の外側で新たな市場シェアを獲得しようとする企業を奨励するという経済的愛国主義の両義性を示している。この両義性は、国際貿易における構造的緊張関係を生み出しているが、より根深くはっきりしない問題を抱えている。

3　経済的愛国主義に関する難題

グローバルな経済競争の中で国益を擁護することは、構成員が共通の利益を共有するはずである国家の存在と切り離すことはできず、議論の余地なく十分な根拠を持つものであるが、それにもかかわらず、多くの不明瞭さを含み、簡単には解決できないいくつかの矛盾を秘めている。

限界

まずもって、経済的愛国主義は相対的な形でしか理解できない。すなわち、経済的愛国主義というものは、諸国家に一連の制約を課しているグローバルな経済秩序の枠組みの中で展開されるという事実によって、構造的に制限されているのである。

　グローバリゼーションの時代に目覚ましい発展を遂げた地域統合の動きは、地域経済圏内の貿易自由化を取り仕切るルールにその加盟国が従うことを要求することによって、最初のブレーキとなっている。この論理は、ＥＵ内ではさらに一歩進んだものとなっている。なぜなら、ＥＵがその基盤としている自由競争の原則は、自国企業を優遇する目的で国家の主導によって導入される可能性のあるあらゆる種類の障壁や歪曲と闘うことを前提とするからである。すなわち、加盟国の法秩序とは一線を画し、これに優越する欧州の法秩序が確立されることによって、この要求の遵守を保証することになるのである。それゆえ、ＥＵの内部においては、国家が示したくなるような経済的愛国主義は、もはや原則として許容されない。経済的愛国主義は、いくつかの文書[66]によってその基礎が築かれた「欧州の経済的愛国主義」に道を譲らなければならないと見られている。とはいっても、欧州の利益に対する十分な保護がなく、欧州という一つの国家、さらに言えば欧州という祖国への帰属意識がないことを考えれば、これは依然としてほとんど机上の空論にとどまっている。

　経済的愛国主義は、より一般的に言えば、国家の上に構築されたグローバル経済を規制する仕組みの中にその限界を見出すことになる。貿易については世界貿易機関（ＷＴＯ）、金融については

（66）一九九〇年のバンゲマン（Bangemann）による報告書「開かれた競争的な環境下での産業政策」（La politique industrielle dans un environnement ouvert et concurrentiel）や二〇〇〇年初頭に策定されたリスボン戦略を参照されたい。〔原注〕

国際通貨基金（ＩＭＦ）や世界銀行といった具合に、国際機関の下で策定されたルールを通じて、地球規模での経済的公共秩序の輪郭が形成され、これが国家に制約としてのしかかっている。このように、ＷＴＯは国際貿易を規制する基本的な仕組みとなっており、その機能は、国際貿易の自由化に新たな弾みをつけるだけでなく、紛争解決機関（ＤＳＢ）を通じて国家間の紛争を解決することに及んでおり、国際貿易におけるグローバルな裁判機関として台頭している。したがって、国家が経済的愛国主義の名の下に自国企業を支援するために提供する援助は、貿易の正常な作用を歪めるものとして制裁を受ける可能性がある。

　このような制度的制約に加え、経済的愛国主義は、目下攻撃や非難の対象となりながらもこれに抗っているグローバリゼーションのダイナミクスの中に、本質的な限界を見出している。しばしば振りかざされる保護主義の脅威は、ほとんど幻想である。つまり、どの国も自国製品を売りさばくために他国の市場を必要としており、経済間の相互依存は、自給自足経済に引きこもることが不可能なほどになっている。また、生産性の大幅な向上をもたらしたグローバル・バリュー・チェーンは、何らかの形で専業化へ回帰するにはあまりにも複雑に絡み合っている。最近の国際貿易の発展がその重みを物語っており、たとえば、二〇〇八年のリーマン・ショックによって貿易と対外直接投資のリズムが鈍化したものの、その後成長は再開した。また、コロナ禍の影響については、すでに予想より軽微であることが判明しているが、通常の活動が一旦再開すれば克服されることであろう。

不確実性

経済的愛国主義に基づく戦略の展開は、結局のところ、大きな不確実性に直面することになる。まず、追求される目的が多様である。たとえば、「主権」を保護するために経済の特定の部門があらゆる外国の干渉を受けないこと、国家として新しい分野に投資できるような経済や金融の力を確立すること、経済安全保障の観点から自国経済が外部の意思決定中枢によって不安定化されないこと、グローバリゼーションの圧力によって損なわれる危険性がある中で国土整備や環境保護を進めることなどである。これらのすべての目的は相互に矛盾しているわけではないが、いずれかの目的を他の目的よりも優先させようとすると、異なる戦略を採用することになる。また、保護し支援すべき分野のリストがかなり不明確である。すなわち、いわゆる「最重要」や「戦略的」といった業態の基準だけでは不十分であり、経済的愛国主義は、先端技術や将来性のある分野にとどまらず、経済の均衡に不可欠なその他の業態にも及ぶため、階層的に優先順位を決めることが必要と思われる。最後に、支援すべき企業についても変わり得る。つまり、経済的愛国主義とは、「ナショナル・チャンピオン」を育成するという考えの下、何よりもまず大企業を支援することなのか、それとも逆に、経済構造の骨組みを形成する中小企業を支援することなのか、あるいは、イノベーションの担い手と考えられる新しいタイプの企業、すなわちスタートアップ企業を優先することなのであろうか。より一般的に言えば、経済的愛国主義が自国企業の保護を志向するという考え方は、大企業の資本構成を考えると、企業の国籍というものが曖昧な概念になっているという現実に突き当たる。

いずれにせよ、愛国主義は経済政策を導く唯一の羅針盤にはなり得ず、他の変数も考慮しなければならない。たとえば、愛国主義は、特に守りの局面では、経済発展の要請に反するものとして現れる可能性がある。なぜなら、外国人投資家を惹きつけようとすることは、国土の魅力度向上を図ることにつながるが、その際は自国企業を優遇するいかなる措置も排除されるのである。

国際関係への衝撃

経済的愛国主義に頼ることは、国際関係に対してより広範な影響を及ぼす。まず、経済的愛国主義は、国家の利益と企業の利益が混じり合うことを前提とする。したがって、官と民の区別が曖昧になる傾向となり、政治的側面と経済的側面が解きほぐせないほどにもつれ合うようになる。企業と国家の関係は、相互依存関係の基盤の様相を呈しているのである。すなわち、貿易収支の均衡を確保し、経済構造を強化し、雇用を維持するために国家が企業を必要とするのと同様に、企業も国家による支援と仲介を必要としているのである。したがって、国家は、国際競争における国益の代弁者であり擁護者となるよう運命づけられている。(67) 次に、経済的愛国主義は、国際共同体あるいは国際的連帯という考え方に反して、グローバル経済を愛国主義によって正当化された諸国家のエゴイズムがぶつかり合う閉ざされた場とみなしている。貿易関係は、自国の利益を優先させようとする国家間の力関係の影響の下にあり、自国の利益を守るために一部の国家がとる措置が他国がこれを受けて行う報復措置によって相殺されるという、繰り返しの緊張あるいは貿易戦争ともいうべき局面なのである。現存する規制の仕組みも、これ自体がこうした影響力争いや敵対的な論理にとらわれている。このように、経済的愛国主義は、国際関係を支配する力関係を反映し、表現しているように思われる。

＊＊＊

経済的愛国主義というテーマは、新型コロナの世界的大流行に乗じる形で最近になって盛んに論じられ、これによってグローバリゼーションの進展の弊害の一端が浮き彫りになったが、だからと言ってグローバリゼーションの進展に疑問を投げかけているわけではない。すなわち、経済間の相互依存関係は、これによって保護主義的な誘惑を招いたとしても失敗が運命づけられているほどに強くなっているのである。その一方で、グローバルな経済競争の中で国益を守るという考え方は、コロナ禍が世界中で巻き起こした新たな国家による経済介入主義とは切り離せないものであるため、これまで以上に現代的な意味を持ち続けることになるであろう。

（67）Susan Strange, *The Retreat of the State : the diffusion of power in the world economy*, Cambridge University Press, 1996.（スーザン・ストレンジ『国家の退場――グローバル経済の新しい主役たち』櫻井公人訳、岩波書店、二〇一一年）〔原注〕

結語

フランスという国家の生成変化《ドゥヴニール》は、国家が現在直面している難題に内在する緊張に対してどのような方法で立ち向かうのか、また、これらに対してどのような解決策を示すのかにかかっている。たとえば、主権原理の一貫性は、グローバリゼーションの浮沈やEUの統合の度合いによって変化する。また、法治国家のシステムがどの程度変更されるかは、安全を至上命令とすることがどの程度重視されるかによって決まる。さらに、市民という理念に対する見方は、国家との関係を再構築することと、共通の価値観への同調の要請を強化することの間で揺れ動いている。最後に、デジタル化は公共政策のいっそうの効率化をもたらす一方で、人々の行動を支配する手段にもなっている。

これらの複数の難題は、相互に関連し合っている。主権に関する問題は、国家の存立そのものに関わる問題である以上、最も重要である。すなわち、主権を重視することによって、国家は、経済発展の立役者、安全の保証人、そして市民概念の拠りどころとされ、かくしてグローバリゼーションの危険に対する砦に仕立て上げられたのである。また、グローバル化した世界における国家の相互依存を考慮に入れることは、公共政策の参照枠組みを拡げるとともに、自己アイデンティティの定義の新たな動きに向かうことを後押しする。欧州統合については、その基盤がすでに築かれている欧州の市民概念が深化し、これが国家の市民概念の上に張り出すことが明確になることによって、国民国家の超越につながる可能性がある。しかしながら、主権の問題は別の因果関係を排除するものではない。たとえば、安全という概念を拡大して捉えることは、市民概念に関する要求レベルを強化することや、デジタル技術が提供する資源を利用することにつながる。もっとも、これらのデジタル技術は、政府による公共政策に利用されていると同時に、市民の公共的な活動に積極的に参加するための条件を整えることで、逆に市民としてのつながりを活性化するのに役立ち得るのである。

このような異なる側面の折衷の結果として、国家の新しいデザインは大いに予測不可能性を孕んでいる。すなわち、国際情勢、社会状況、政治的なバランスの変遷に応じて変化することになるのである。前回の大統領選挙は、依然として起こり得ることの幅が広いことを示していた。

＊＊＊

歴史によって磨き上げられてきたフランス型国家モデルは、二〇世紀末からは時代遅れになったように思われた。つまり、社会の他の部分とはっきりと区別され、社会生活において重大な責任を負っている国家という考え方は、グローバリゼーションの衝撃によって揺らぎ、いまや支配的となった新自由主義的国家モデルの前提条件とは一致しなくなったのである。しかし、このフランス型国家モデルは、著しい変化を遂げたとはいえ、根絶されたわけではなく、衛生危機は、極限的に深刻な状況下においてこのモデルを再び時代の要請に合ったものとすることに貢献した。このように、社会の上位にそびえ立ち、秩序と社会統合の原理としての地位を占める国家像は、依然としてフランスにおける集団的想像の中でこれまで以上に存在感を示し続けている。とはいえ、国家が現在直面している課題に対して示す解決策に応じてフランス型国家モデルが新たな適応を迫られることになるのは事実であり、その適応によって、いくつもの変遷の軌道を描き得る。

訳者あとがき

本書は、Jacques Chevallier, *L'État en France : entre déconstruction et réinvention*, Éditions Gallimard, 2023 の全訳である。また、日本語版の刊行にあたり、著者による日本語版への序文とともに、補章として、著者の既発表論文を本書に合わせて著者自身が改めた *Vers un nouvel interventionnisime économique* を追加している。

著者のジャック・シュヴァリエは、パリ第二大学（パリ・パンテオン・アサス大学）の名誉教授であり、主に学部生向けの行政学の講義や大学院生向けの国家論に関する講義など、同大学で長年教鞭を執ってきた。同大学の行政学・政治学研究所（CERSA）の所長も長く務め、これまでに、『国家（*L'État*）』（Dalloz, 2011）、『ポストモダン国家（*L'État post-moderne*）』（LGDJ, 6e éd., 2023）、『法治国家（*L'État de droit*）』（LGDJ, 7e éd., 2023）、『行政学（*Science administrative*）』（PUF, 6e éd., 2019）、『公共サービス（*Le service public*）』（PUF, 12e éd., 2022）など、国家論、法社会学、行政学、政治機構論、行政法に及ぶ多数の著書がある。特に、学部生向けの行政学の講義の教科書となっていた『行政学』は、同分野の体系的な教科書としてはフランスで唯一のものであり、これまでに改訂を重ねて増刷され続けている。

訳者は、二〇〇五年から二〇〇七年までパリ第二大学大学院に留学していた間、シュヴァリエ教授に師事し、修士論文の指導教官も引き受けていただいた。当時、講義はパリ五区のパンテオンに面した旧パリ大学法学部の歴史的な建物で行われ、講義が終わると、そこからサン・ジャック通りの坂を下ったテナール通り一〇番地のCERSA内の研究室においてオフィスアワーを設けてくれることが多かった。訳者が研究室にシュヴァリエ教授を訪ねると、いつも丁寧に助言をしてくださり、橋本内閣による行政改革、小泉内閣による郵政民営化といった日本の政治や行政の最新の話題に豊富な知識をお持ちだったことにしばしば驚かされたのを覚えている。同教授の学生には、私のような外国政府の公務員を含めて留学生も少なくなかったが、留学生には、フランス行政の制度や仕組みを学ぶと同時に、出身国の行政について研究することを強く勧められたものである。

そもそも行政学という学問は、学際的な学問分野であり、法学、政治学、社会学、経済学、経営学などにまたがるものであるが、シュヴァリエ教授の行政学は、行政という現象をより深く掘り下げるためにこうしたさまざまなアプローチを統合した学際的な科学を志向している。また、比較研究の視座を重視することによって、本来各国ごとに異なる行政のあり方の多様性を解き明かすことに注力しているのもその特徴である。こうしたシュヴァリエ行政学のアプローチは、フランス型国家モデルを論じる本書にも随所で表れている。

本書の原題は *L'État en France* であり、文字通り訳せば「フランスにおける国家」となろうが、フランスにおける国家の変遷を振り返りつつ、フランス型国家モデルの特異性とこれを取り巻く現代の課題などを広く論じている本書の内容を踏まえ、「フランスという国家」とした。また、副題である *entre déconstruction et réinvention* の訳については、「繰り返される脱構築と再創造」とした。著者は本文において「脱構築」（déconstruction）という表現も「再創造」（réinvention）という表現も一度も使っていないが、本書で論じられているのは、フランスという国家が、歴史の積み重ねの中で独自の国家モデルを形成しつつも、さまざまな社会の変化に適応して国家の仕組みやこれを支える概念を「脱構築」し、新たな時代の要請に応じてその都度「再創造」してきた歩みである。フランスという国家は、絶対君主制とその後のフランス革命によって近代国家の基盤を構築したが、資本主義が発達し、福祉国家が台頭すると、これに適応して社会生活に対する本格的な保護体制を確立した（第一章）。その後、一九七〇年代の福祉国家の危機や一九九〇年代のグローバリゼーションの進展によって、こうした国家による保護体制やこれを支えてきた理念を「脱構築」することを余儀なくされ、二〇〇〇年代以降はニュー・パブリック・マネジメントに基づく諸改革によって国家モデルに新自由主義的な修正が加えられた（第二章）。ところが、著者によれば、新型コロナによる衛生危機が伝統的な国家モデルを再興させる転換点となり、経済活動と社会作用の中心として国家が復権を遂げ、伝統的な国家モデルが「再創造」されようとしている（第三章）。そして、主権、安全、市民、デジタル、経済的愛国主義といった直面する課題への対応を軸に、今後もフランスという国家は、「脱構築」と「再創造」を繰り返して生成変化し続けるというのが著者の主張である（第四章、補章）。

こうした本書の内容でも特に興味深いのは、新型コロナによる衛生危機が伝統的な国家モデルの復権をもたらしたという分析であろう。第三章で論じられているとおり、新型コロナの感染拡大に伴って政府が矢継ぎ早に強制的な手法で対策を講じ、瞬く間に社会全体に規制を張り巡らせたフランスの状況は、「国家の復権」を目に見える形で示すものであった。外出する際には街頭を巡回する警察官から許可証の提示を求められ、公共施設の利用には陰性証明（衛生パス）やワクチン接種証明（ワクチンパス）の提示を求められた。また、企業や商店も自由な経済活動を制限され、飲食店は営業時間を厳しく制限された。国家によって発行された許可等の文書の重要性や国家公務員の存在感がこれまでになく増したのは間違いない。訳者は二〇二〇年当時はモロッコに赴任しており、フランス国内の状況は報道を通じて間接的に知り得たにすぎないが、フランスにおける制限措置の多くを近い形で導入したモロッコにおいても、街中に張り巡らされた検問、厳しい移動や営業の制限、医療物資の価格統制等から「国家の復権」を強く実感させられた。

もっとも、多くの日本の読者にとって、新型コロナが国家の復権への転換点になったという主張は感覚的には理解しづらいかもしれない。日本においても、新型インフルエンザ等対策特別措置法に基づく緊急事態宣言がなされ、不要不急の外出の「自粛」や飲食店の営業停止・時間短縮への「協力」が求められた。連日のメディアでの報道や社会的な影響はフランス同様に大きかったとはいえ、非強制的な手法が中心であり、現場での政策手段の担い手の多くが受託事業者や地方自治体の職員であった日本では、「国家の復権」と言えるほどに政府の規制措置などが存在感を示したとは思えない。二〇二〇年夏にモロッコから帰国した訳者は、ひとたび入国してしまえば何ら目に見える形での規制がなく、マスクをした人々が以前と同じように生活している東京の様子に拍子抜けしたのを覚えている。

この『フランスという国家』の日本語訳は、偶然の産物である。二〇二三年一月、新型コロナの影響でなかなか訪問できなかったパリを三年ぶりに訪問し、たまたま立ち寄った市内の大型書店フナックの店頭において発売直後で平積みになっていた原著を訳者が手に取ったことがきっかけであった。著者であるシュヴァリエ教授には、大学院留学中の指導もさることながら、訳者を信頼して翻訳を任せていただいたことに改めて感謝申し上げる。シュヴァリエ教授の業績については、一九八八年に発表された「法治国家」と題する論文*が日本語訳されているものの、多数に上る著作についてはいずれもこれまでに日本語訳が出版されていない。本書の出版が著者の名前を日本の読者に紹介する契機になれば、少しは恩に報いることができるのではな

* 植野妙実子編訳『フランス公法講演集』日本比較法研究所翻訳叢書四〇、中央大学出版部、一九九八年、一一－九四頁（藤野美都子訳「法治国家」、Jacques Chevallier, « L'État de droit », *Revue du droit public et de la science politique en France et à l'étranger*, 1988, pp. 313 et s. の全訳）。

いかと考えている。最後に、公務員としての業務の多忙を言い訳に遅々として捗らない翻訳作業を気長に見守っていただき、編集段階でさまざまな的確なご助言をいただいた吉田書店の吉田真也代表に感謝申し上げる。

二〇二四年八月

藤森　俊輔

【タ行】

【サ行】

【カ行】

索　引

【A ～ Z】

AAI（独立行政機関）　→独立行政機関
AFNOR（フランス規格協会）　117
Alicem（顔認証デジタル識別アプリケーション）　102
API（アプリケーション・プログラミング・インターフェース）　100
BpiFrance（フランス公共投資銀行）　116
CDSN（国防・国家安全保障会議）　70
CFSP（共通外交・安全保障政策）　81
CNDP（公共討論全国委員会）　92
CNIL（情報処理と自由に関する全国委員会）　45
3DS（「差別化・分権化・分散化・簡素化」法）　48
EDF（フランス電力）　80
ENA（国立行政学院）　38
EU（欧州連合）　27, 57, 79, 81-83, 119, 125
　――規則　114
　――指令　83, 98
　――理事会　83
　次世代の――　82
EUS（衛生緊急事態）　→衛生緊急事態
FII（産業イノベーションのための基金）　117
FSI（フランス戦略投資基金）　116
GAFA　103
IMF（国際通貨基金）　120
INES（安全電子国民身分証）　101
INSP（国立公共サービス学院）　38
LOLF（予算法に関する組織法）　36, 42
MAP（公共政策の近代化）　28, 37
NPM（ニュー・パブリック・マネジメント）　→ニュー・パブリック・マネジメント
OECD（経済開発協力機構）　115
OTE（国の地域組織）　48
PAP（年次成果計画書）　36
PNE（国家デジタル・プラットフォーム）　99
RAP（年次成果報告書）　36
RéATE（国の地域行政に関する改革）　48
RCB（予算選択の合理化）　35
RIC（市民発案による国民投票）　93
RGPP（公共政策の全般的見直し）　28, 36
SILT 法（国内治安・テロ対策法）　88
WHO（世界保健機関）　56
WTO（世界貿易機関）　79, 119

【ア行】

愛国主義　108, 113, 122
　経済的――　78, 79, 107-113, 118-123
アイデンティティ　1, 13, 21, 90, 94-97, 125
　――のバルカン化　95

著者紹介

ジャック・シュヴァリエ（Jacques CHEVALLIER）

パリ第2大学名誉教授

1943年生まれ。専門は行政学、国家論。パリ第2大学法学部にて公法学の博士号を取得後、ナンシー大学教授、アミアン大学教授を経て、パリ第2大学教授として長年教鞭を執り、同大学の大学院法学政治学研究科長、公法学・政治学部門長、行政学・政治学研究所（CERSA）所長などを務めた。学外においても、政府の審議会委員や試験委員の経歴多数。

主な著書に、『国家（*L'État*）』（Dalloz, 2011）、『ポストモダン国家（*L'État post-moderne*）』（LGDJ, 6e éd., 2023）、『法治国家（*L'État de droit*）』（LGDJ, 7e éd., 2023）、『行政学（*Science administrative*）』（PUF, 6e éd., 2019）、『公共サービス（*Le service public*）』（PUF, 12e éd., 2022）などがある。

訳者紹介

藤森 俊輔（ふじもり・しゅんすけ）

1978年生まれ。東京大学法学部卒業。

内閣府入府後、在外研究員としてフランスに派遣され、フランス国立行政学院（ENA）修了、パリ第2大学大学院修士課程修了（法学修士、行政・公共政策専攻）。

内閣官房、内閣府、外務省での勤務、在モロッコ日本国大使館一等書記官、宮内庁皇嗣職宮務官を経て、現在、内閣府政策統括官（共生・共助担当）付参事官。

フランスという国家
繰り返される脱構築と再創造

2024年10月22日　初版第1刷発行

著　者　ジャック・シュヴァリエ
訳　者　藤森俊輔
発行者　吉田真也
発行所　合同会社 吉田書店
102-0072　東京都千代田区飯田橋2-9-6 東西館ビル本館32
TEL：03-6272-9172　FAX：03-6272-9173
http://www.yoshidapublishing.com/

装幀　野田和浩　　印刷・製本　藤原印刷株式会社
DTP　閏月社
定価はカバーに表示してあります。

ISBN978-4-910590-24-0